商业新闻出版公司和轻松读文化事业有限公司提供内容支持

# 寻找红利新源泉

浓缩书编辑部　编

中国盲文出版社

**图书在版编目（CIP）数据**

寻找红利新源泉：大字版 / 浓缩书编辑部编 .—北京：中国盲文出版社，2016.1

（速读大师）

ISBN 978—7—5002—7064—5

Ⅰ.①寻… Ⅱ.①浓… Ⅲ.①经济学—通俗读物Ⅳ.① F0 — 49

中国版本图书馆 CIP 数据核字（2016）第 012825 号

本书由轻松读文化事业有限公司授权出版

寻找红利新源泉

编　　者：浓缩书编辑部
出版发行：中国盲文出版社
社　　址：北京市西城区太平街甲 6 号
邮政编码：100050
印　　刷：北京汇林印务有限公司
经　　销：新华书店
开　　本：787 × 1092　1/16
字　　数：80 千字
印　　张：12
版　　次：2016 年 1 月第 1 版　2017 年 3 月第 1 次印刷
书　　号：ISBN 978—7—5002—7064—5/F · 117
定　　价：38.00 元
销售热线：（010）83190289　83190292　83190297

# 出版前言

数字文明为我们求知问道、拓展格局带来空前便利，同时也使我们深受信息过剩、知识爆炸的困扰。面对海量信息，闭目塞听、望洋兴叹固非良策，不分主次、照单全收更无可能。时代快速变化，竞争不断升级，要想克服本领恐慌，防止无知而盲、少知而迷，需尽可能将主流社会的最新智力成果内化于心、外化于行，如此才能更好地顺应时代，提高成功概率。为使读者精准快速地把握分散在万千书卷中的新理念、新策略、新创意、新方法，我们组织编写了这套书。

这套书旨在帮助读者提高阅读质量和效率。我们依托海内外相关知识服务机构十多年的持续积累，博观约取，从经济管理、创业创新、投资理财、营销创意、人际沟通、名企分析等方面选取数百种与时俱进又经世致用的好书分类整合，凝练出版。它们或传播现代经管新知，或讲授实用营销技巧，或聚焦创新创业，或分析成功者要素组合，真知云集，灼见荟萃。期待这些凝聚着当代经济社会管理创新创意亮点的好书，能为提升您的学识见解和能力建设提供优质有效便捷的阅读资源。

聚焦对最新知识的深度加工和闪光点提炼是这套书的突出特点。每本书集中解读4种主题相关的代表性好书，以“要点整理”“5分钟摘要”“主题看板”“关键词解读”“轻松读大师”等栏目精炼呈现各书核心观点，崇真尚实，化繁为简，您可利用各种碎片化时间在赏心悦目中取其精髓。常读常新，明辨笃行，您一定会悟得更深更透，做得更好更快。

好书不厌百回读，熟读深思子自知。作为精准知识服务的一次尝试，我们期待能帮您开启高效率的阅读。让我们一起成长和超越！

# 目 录



如果你的财产投资能产生足够的持续性收入来支持你选择的生活方式，你就会得到财务自由。而有了财务自由，成为了金钱的主宰，你才能把最宝贵的时间投注在最重视的事情上。替自己打造三个篮子，装载安全、成长和梦想，然后开始打造个人专属的财富制造机。

要想打造明星销售队伍，你应该像职业运动运动中的传奇教练那样，有套系统和流程，并且有战术和练习，这样才能帮助公司改进组织和销售，建立制胜文化。如此一来，员工才会乐于工作，成为冠军队伍。

事业成功的关键往往在于有没有能力持续发掘顾客的喜好。但是在信息爆炸的状态下，公司往往会失去焦点，造成客户更多的负担和困扰。你得付出真心并了解客户，而不是一股脑地单方面表白。别再说你不知道客户喜欢什么，那是你每天都要寻求解答的课题，也是你在产业里最终要实现的梦想所在。

网络时代需要什么样的人才，这些人才又需要什么样的工作环境？谷歌向全世界示范了一种新做法。它通过聚拢“智慧创作者”，开创不一样的谷歌文化，倡导勇于尝试和不怕失败的氛围，最终打造出一个圆梦的天堂。要想走上网络时代的创新之路，谷歌的做法可资借鉴。

# 金钱支配游戏

薪 水 再 少 都 要 懂 的 投 资 术

# Money Master the Game

7 Simple Steps to Financial Freedom

# 原著作者简介

**安东尼·罗宾斯**（Tony Robbins），激励演说家、训练师、企业家和慈善家，被推崇为美国最成功的人生和企业导师之一。他举办过许多活动，并为运动员、娱乐明星、全球500强企业CEO等提供咨询。他是12家公司的创办人或合伙人，写了《无限权力》（1987年）和《唤醒里面的巨人》（1991年）两本畅销书。他成立的“安东尼·罗宾斯基金会”每年在全球56个国家资助了超过400万人。

本文编译：黄玩

# 主要内容

# 成为金钱主宰，而不是被金钱主宰

打造自己的“财富制造机”——也就是个人的投资组合，确实是让你成为金钱主宰，而不被金钱主宰的唯一要务。如果你的财务投资能产生足够的持续性收入来支持你选择的生活方式，你就会得到财务自由。

无论你是才刚踏入职场的新鲜人还是已经到了考虑退休年龄的沙场老兵，这个问题可能在你人生的各个阶段都曾经浮现：赚多少钱才可以不必再工作了呢？

即使你热爱工作，这个问题仍旧会出现。因为除了工作，你还有许多人生的梦想或挑战。这些梦想会不断地向你索要最宝贵的时间。此时，财务自由对你来说才是完美的装备。有了财务自由，成为金钱的主宰，你才能将最宝贵的时间投注在最重视的事情上——或许仍是工作事业，也或许是家人朋友，或是你想完成的梦想和想实现的理念。那么，究竟赚多少才能实现财务自由呢？

**问对问题，才能找对答案**

在你继续探索答案之前，请先暂停一下。美国激励大师安东尼·罗宾斯忍不住要提醒你：你可能问错问题了。因为财务自由不是指你有多会赚钱。即便你很会赚钱，但也可能很会花钱，你仍有可能还是“月光族”。相反，如果你懂得把钱存下来或拿去投资，即便金额不多，你也已经有了个人专属的财富制造机。

打造个人专属的财富制造机正是《金钱支配游戏》的核心要旨。你必须下定决心成为投资人而不只是消费者。诚如罗宾斯所说，在心态上你必须把这件事当成你的第二份事业，里面唯一的资产就是你放进去的资金。你是这份事业唯一的员工，必须依照你个人的人生阶段，设定适当的投资组合长期经营，直到它成长到足以支持你

选择的生活方式为止，那时你就可以达成财务自由，不必再为了赚钱而工作。

**三个篮子，装载安全、成长和梦想**

每个人对财务自由的需求或有不同，进行投资也很难找到统一的公式。罗宾斯提出的3个篮子的概念很值得参考。这3个篮子让你投入资金去追求安全的投资、带点风险但可望快速成长的投资以及完成梦想的投资。其中第3个篮子代表的是你想支持的理念——它可能不会带给你实质的报酬，但却可以让你得到更高的生活品质或实现人生意义。

这或许也是资本社会让人又爱又恨之处。身处一个充斥着金钱游戏的世界，到处都有诱惑和陷阱。然而我们还是要找出方法，不被金钱奴役。因为青春会老去，新技术和新时代会不断更迭，而且你除了工作还有许多想做的事。现在，就拿出3个篮子开始打造个人专属的财富制造机吧。

# 一　下定决心成为投资人而不只是消费者

即使金额很小，经过复利的神奇威力放大后，仍可产生奇迹。你要决定该从现有收入中拿出多少来进行储蓄及投资。

大多数人一开始的想法是自己可以靠赚钱得到财务自由。他们以为只要赚得比自己花得多就可以做到这一点。这种想法有一些问题：

◎不论你能赚到多少钱，你也一定能够找到方法花掉它。不论你赚到多少钱，这个世界上充斥着的必买的“极品”，总是能超过你的财富。

◎世界上仍有一些高收入的人最后走向破产。他们花钱就像是有今天没明天似的，这种方式让他们陷入了困境。

别再假设你会在未来实现自己的财务自由。

真正实现那个目标的第一步是做出个人决定，让自己成为投资人而不再只是消费者。如果你能这么做，就不仅可以开始控制自己的财务状况，也可以让自己得以利用复利的非凡效果。

虽然你很容易被报章上大肆报道的各种金融消息搞得很混乱，但是达成自己的财务自由其实很简单。你可以把它想象成以下这个样子：

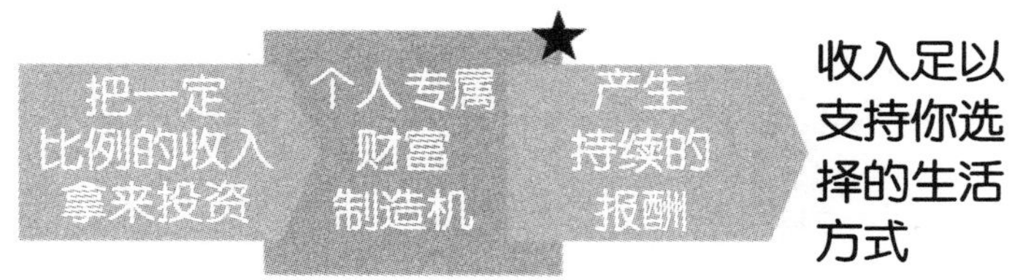


此过程的挑战在于要为你的财富制造机创建一份能产生一定规模收入的资产，这样你才能得到完全随心所欲的自由。当你达到这样的阶段后，投资和金钱就会为你工作，你也不必再用时间和才能来换取金钱。

## 关键思维

金钱当然是我们实现梦想的条件之一。不是你利用它，就是它利用你。要不就是你主宰金钱，要不就是金钱在某种程度上主宰你。

——安东尼·罗宾斯

我的财富是结合住在美国、一些幸运基因和复利而得到的。

——沃伦·巴菲特

最困难的事就是决定去行动，剩下的就只有坚持而已。

——爱蜜莉亚·厄尔哈特

第一位独自飞越大西洋的女飞行员

把你的个人财富制造机想象成你拥有的第二份事业。它没有员工、没有工资单，也没有任何行政费用。这台机器的唯一“存货”是你放进去的金钱资产，还有这些资产通过复利所产生的资

产。这份事业的唯一产品是提供给你和你的家人一笔终生收入的来源，不论你活到几岁它都不会干涸。从这个角度来看，你的财富制造机就是你和家人的自由创造机。

迈向财务自由的第一步是：

决定每周
从目前的收入中省下多少金额，
如此你就能开始打造自己的
财富制造机

如果你像大多数人一样，不可否认你会觉得自己赚到的每一块钱都已经有了用途。这样也没关系——就像前面提过的，只要手头有钱，费用总是有办法增加。道理很简单，除非开始存钱，否则你永远无法开始打造自己的财富制造机。换句话说，你不能不存钱，因为你的未来全靠它。

最简单的做法是让你的储蓄自动化——如此一来你从一开始就看不到它。而如果看不到这笔

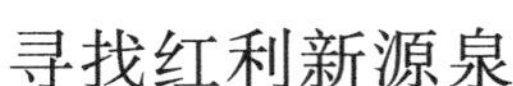


钱进来，你就会量入为出并调整花费。

此处的关键道理在于：你赚多少钱并不重要，重点是存下收入的固定比例。这种方式在实务上具有惊人的成效。例子是锡多尔·约翰逊，他从 1924 年开始就在 UPS 工作了。即使他的一生中年薪从未超过 14000 美元，但他仍挪出每一笔薪资的 20%，然后在圣诞节用这笔钱买 UPS 的股票。在 90 岁的时候，他的股票价值已经超过 7000 万美元。这意味着不论你赚多少钱都可以如此操作。

## 关键思维

当你为了生计工作，就是在用时间换取金钱。坦白说，这是你所能做的最糟糕的交易。为什么呢？因为你有可能赚更多钱，但是却无法取得更多时间。如果你停止了工作，就会停止赚钱。让我们创建一台财富制造机来替代——而且用一种就算你在睡觉它还是能够赚钱的方式来打造它。

——安东尼·罗宾斯

如果不想工作，你就必须努力赚到足够的钱，让自己不用工作。

——欧格登·纳许，美国诗人

别把它想成是储蓄！我称呼它为你的自由基金，因为从现在开始，它将为你买到自由。把每一笔收入的固定比例存下来，然后明智地进行投资，长期下来金钱就会开始为你工作，你不用再为了赚钱而工作。

多少比例适合你？是10%？还是15%或20%？这里没有正确的答案——只有你的答案。

——安东尼·罗宾斯

# 二　了解投资法则，让自己成为内行人

一旦了解了投资法则，你就不会再沦为其他别有用心人士的牺牲品。要认清投资的迷思并注意提防，努力成为熟悉内情的人。

现在你已决定要成为一位投资者，所以是时候揭穿让许多新手沦为牺牲品的迷思了。在市场上一直流传的种种迷思中，你必须看穿的只有8项。如果你能知道这些迷思并采取行动对抗它们，就一定能够把个人财富制造机的年度表现提升数十万美元。

当你揭穿迷思时，记住目标是攻克阻碍财务自由的山头。想象它的样子就是这样：

当你试着打造自己的个人财富制造机时，会遇到两个不同的阶段。在累积阶段你必须把钱存下来以取得成长，而提领阶段就是领回收入。你的决定取决于你处于哪个阶段。

记住这个重点，查看这 8 项会影响你追求财务自由的迷思：

**1. 和我们一起投资，我们会打败市场！**

整整 13 兆美元的共同基金产业的前提是专业资金经理人能够比非专业投资人得到更好的回报。但这并非事实。96% 的主动管理型基金都未能真正打败市场。别再试着挑选一支共同基金——与之相反的是，你要拥抱市场。

**2. 我们的费用吗？只需支付少许代价！**

拥有一支共同基金每年的平均成本是3.17%——这是通过指数型基金拥抱整个市场的成本0.14%的30倍。所谓的“少许”费用会摧毁你投资产生的报酬。别付钱给他们。

**关键思维**

除非你明白规则，不然就别加入游戏！无知不是一种福气，而是一种痛苦和挣扎，并且会把你的财富送给某个不应该赚到它的人。

——安东尼·罗宾斯

**3. 我们的报酬吗？你看到多少就是多少！**

错。华尔街对于共同基金的平均报酬包装得十分杰出。你的实际报酬总是低于他们的广告宣称。要小心。

**4. 我是你的经纪人，我的存在就是为了要帮助你！**

一样是错的。证券经纪人的工作就是通过他们推荐的投资赚取佣金。只有受托人才具有提供独立建议的法律义务。你应该只和受托人合作，而非证券经纪人。

**5. 买了便可高枕无忧的目标日期基金是非常棒的！**

目标日期基金根据你离退休期限的远近来变动你的投资组合。它是没有用的。当经理人把你的投资在各个基金间移来移去时，报酬就被吸干了。你完全可以不花一毛钱就帮自己把事情做得更好。

**6. 我痛恨年金，你也应该如此！**

有一些好年金会成为你投资组合中最宝贵的部分，这完全取决于你的资产配置决策。不要对所有年金都打上问号——它们中也有好的。不过要注意变额年金——费用摧毁了它。

**7. 你必须承受巨大的风险才能得到高报酬!**

这完全不是事实。你可以把自己的投资设定成只承受一点点风险但是会得到许多报酬的方式。这是投资行家一直以来通过投资所取得的成就，例如：

◎结构型债券——借钱给银行。

◎市场联动定期存款。

◎固定指数年金。

**8. 我们告诉自己的谎言。**

很多人从不曾尝试过要达成财务自由，因为他们相信这并非普通人能够完成的。这可能是因为害怕失败或是觉得只有极少数人才能达成这一点。这些都不是事实。如果你想最后置身于完全不同的财富境界，你就必须改变策略。如果你能找到一项有用的策略那就能达成突破。一切就是这么简单。金钱其实不过在反映你的创造力、专注能力以及你为其他人创造价值的能力。而只要你进行改变就可以成就财务自由。

# 三　对赛局势在必得
## ——方法是厘清你的真实数字

设定一些能为你创造赢面的实际财务目标。拨去不确定性的迷雾，了解自己要享受人生真正需要的是什么。

很少有人真正坐下来厘清他们到底需要多少钱才能达到财务独立或自由。事实上这个问题的答案并不仅只是一个数字。其中有5个不同的财务自由等级：

（1）财务无虞——这是指你达成：

◎一间没有抵押的房子。

◎能清偿所有家庭生活费用。

◎供应家人未来需要的食物。

◎基本交通成本。

◎基本保险成本。

（2）财务灵活——除了支付第一级的全部项目外，还有资金可以支付：

◎想要的衣物和其他小玩具。

◎更好的餐饮和娱乐体验。

◎小小的放纵和些许的奢侈。

◎其他可自由支配的支出。

（3）财务独立——这是指你虽然不工作，却能产生足够的投资收入以负担美好的生活方式。此时的你不需要工作就可以做任何喜欢的事。

（4）财务自由——这是指你的投资不仅足以支付自己选择的生活方式，还有闲钱应付一些大型奢侈品，如：

◎对你的教会提供大笔捐款。

◎昂贵的资产——船、汽车或飞机等。

◎在其他国家或地区拥有度假小屋。

（5）绝对财务自由——这是指没有任何限制，可以随时且随心所欲地做想做的事。到了这个等级后，你将为世界带来一些改变，并且能让家人

也得以实现他们的梦想。

如果能坐下来就以上每个财务自由等级为自己设定一个数字，你就在达成之路上跨出了巨大的一步。大多数人对那些数字只有模糊的概念，而且预先就假设自己离它们是如此遥远，以至于连尝试都没有什么意义。如果可以具体厘清这些不同等级对你具有的意义，那么你就开始建立财务计划了。

一旦建立了自己的计划，下一个聚焦领域就是如何以从未想过的速度达成你的财富梦想。在进行这项思考时，你至少有 5 种方法可以用来加速进展：

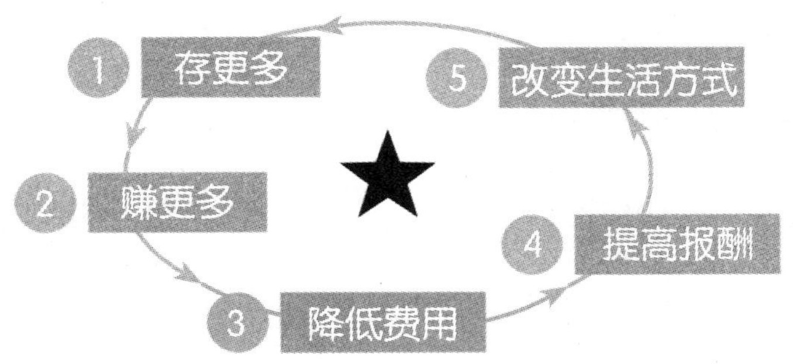

（1）存更多——把差额投资在复利可以发挥神效的地方。如果能提前支付下个月的抵押借款，你就可以减少一半利息支出，然后把差额拿去投资。

（2）想办法赚更多——把差额拿来投资。能赚多少钱最终是取决于你能提供给顾客或员工多少价值。利用自我投资来提升你产生的价值。重组你的职业生涯并学习如何提出更好的解决方案，那么你就有机会赚得更多。

（3）让投资赚更多——方法是减少费用和税赋，再把差额拿去投资。即使只减少自己支出费用的2%，20或30年后也可能变成数十万美元或价值更高的投资。你有能力并且也应该让自己的投资合法且节税。

（4）重新架构自己的投资——让自己得到更高报酬以加速迈向财务自由的旅程。做法是采取不对称性投资，它的正面潜能很高，只有少许甚至不含负面风险。多样且谨慎地探寻如何配置自己的投资。

（5）改变自己的生活方式——更少花钱在自

己的日常生活费用上，然后把省下来的钱拿去投资。一个简单的事实是你所在地点的生活成本每年会提高10%或更高。即使只是从税赋较高的州搬到税赋较低的州，也能够省下一笔可用来投资的可观金额。找到一个漂亮且负担得起的地方，再把省下来的钱做投资。

**关键思维**

人生就像是一辆自行车，想保持平衡你就必须持续移动。

——艾伯特·爱因斯坦

我生命中最挚爱的事物不用花任何钱。我所拥有的最珍贵资源，其实很明显的就是时间。

——史蒂夫·乔布斯

如果你已经做好万全准备并且了解必须付出的代价，它就不再是冒险。你需要的只是发现如何到达那里。总会有一条道路通往目的地。

——马克·库班，美国职业篮球小牛队老板

# 四　做出最重要的决定
# ——如何分配你的投资

身为投资人，成功的核心在于把钱放在哪里以及放多少。正确投资以求取安全的报酬、安心和财富。

资产配置单纯就是在不同类型或等级的投资之间决定你的金钱该如何分配。如果对此变得十分熟练，你就会成为更好的投资人，因为你能够在减少风险的同时增加自己的正面报酬。

实现资产配置的好方法是将你的财务资产放置到3个篮子里：

（1）安全篮子——它让你安心地投资。这个篮子是你钱财的安全避风港。它不会非常快速地成长，但当你需要这笔钱时，它就会在那里。

（2）成长篮子——你在这里进行较高风险的

## 你的财富制造机

| 安全篮子 | 成长篮子 | 梦想篮子 |
| --- | --- | --- |
| % | % | % |
| ■现金<br>■约当现金（容易变现的短期投资）<br>■债券<br>■定期存单<br>■自有的房子<br>■退休金<br>■年金<br>■人寿保险<br>■结构型债券 | ■证券<br>■高收益债券<br>■不动产<br>■商品<br>■货币<br>■收藏品<br>■非保本型结构型债券 | ■它不属于会提供你财务报酬的品项，而是为了给你更高的生活品质<br>■这份资金是为了你想支持及协助的理念和想法 |

投资，成功后就会产生高报酬。你必须做好失去这里面所有一切的准备。

（3）梦想篮子——你在这里进行的投资可以用来支付未来你想自由支配的花费，让你有能力购买梦想的事物，或是为那些你觉得会让生活更有趣的行动买单。

你要决定上述的每个篮子里配置的金额。理想的配置会随着你的人生而变化。有许多投资顾问提供的合理基本原则是投资相当于自己年龄的比例于安全篮子里。换句话说，在40岁时你可能要配置40%在安全篮子里，60%在成长和梦想篮子。当你60岁时，你可能偏好把60%的财产放进安全篮子，40%放进成长和梦想篮子。这可能是个合理的起点，但是决定权还在你自己。

要决定在每一个篮子里投入多少，你应该问自己的问题是："我在自己人生的这个阶段可以承受多少风险？"如前所述，你可能会规律地改变对这个问题的答案，而投资配置也应该随着时间

而改变。重点是在正确的时机采用正确的组合。

要确保自己的每一个篮子多样化。你要横跨证券、资产和各种市场，甚至要横跨时间来实现投资多样化。通过这样的操作，不论市场和经济表现如何，你建立的投资组合任何时候都会有优异的表现。

你必须能够从投资中得到一些乐趣。例如当你想在每天的股票交易中试试身手时，就可以从成长篮子挪出5%或更少的资金投入其中。只要限定自己投入的金额，你就可以找些乐趣。

到了人生的某一个时点上，你可能会想为自己的梦想篮子投入一些资金。它的用途是自由支配，例如会让你兴奋和产生热情的计划。如果要花钱在自己的梦想上，应该局限在它对于你的整体资产配置很合理的前提下。

还必须记住的两个重点是：

◎投资组合必须定期重新平衡。但也无需过度操作，可能在每年付税时或是每两年做一次，对大多数人应该就足够了。不要变得过于好动。

◎聪明的投资人通常会使用定期定额投资法来保证长期的多样化。当市场衰退的时候，他们用相同的金额可以取得更多资产。定期定额投资法是通过市场的反复无常来对自己产生助益的方法。在自己的财务资产投资组合中系统化配置相应金额，长期下来它就会为你产生效益。

### 关键思维

资产配置是人一生中最重要的决定，比对股票、债券、不动产或其他任何事物的单一投资更重要。任何人都可以变得富有——资产配置则是让你保持富有的方式。

——安东尼·罗宾斯

# 五　创建个人的终身保证收入计划

采用精明的投资策略，让自己取得没有风险的正面利益。这是完全可行的——而且已经有人做到了。

从个人角度来看，成为金钱主宰的关键就是打造你自己专属的财富制造机，为生活创造收入。

在前面的步骤里，你一直专注于把钱投入财富制造机并决定资产配置的比例，到了第5步你就可以开始运用投资专家的智慧，让自己持续性的报酬达到最完美的境界。

具体而言，你应该特别把4个重点融入自己的财务规划：

（1）四季投资组合——世界最大避险基金的经理人雷·达里欧开发出一种投资组合，可以在最小风险下产生最高报酬。他的投资组合是：

◎产生超高报酬——从 1974 年到 2013 年大约是每年 10%。

◎非常安全——历经这些年股票市场和经济趋势的起起落落，只在其中 6 年里发生过损失。

◎呈现低度波动——在 1974 年到 2013 年的 40 年间，历经的最大亏损是一年 3.93% 的损失。

雷·达里欧的四季投资组合是：

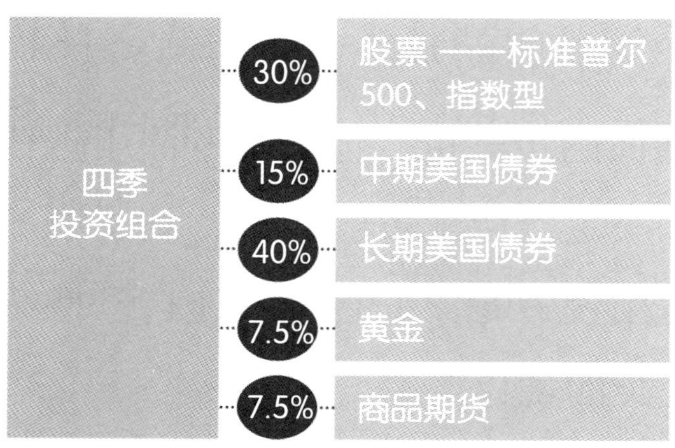


（2）聪明地运用年金——以此产生终生的收入。年金是现有最重要的投资方式之一，但是它并未获得人们广泛的了解。简单说，年金就

是你把钱交给某家保险公司，它在未来预定日期（递延型）付给你回报。年金会保证提供给你终身收入。

年金产业随着时间演进。不过它现在提供一种名为固定指数年金的商品，能提供给你固定利率的报酬，附加可以选择与标准普尔500等特定股票市场指数联动的额外报酬。这大概就是你能得到的最好的投资回报，因为你得到了正面的成长和永远不会损失本金的保证。

你可以在网上找到年金商品的信息：

◎没有年度管理费用或销售费用。

◎保证永远都不会损失本金。

◎有正面优点却没有负面风险。

◎没有一次性的最低首付金额。

◎可以选择自己的未来收入水准。

年金如果和四季投资组合合并使用，就可以为退休资金建立胜利的组合。

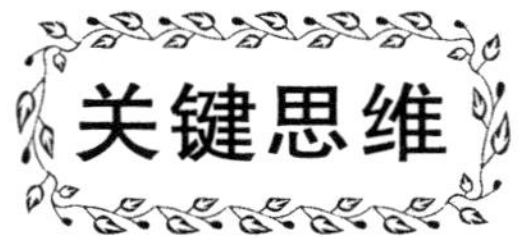

## 关键思维

问题不是我想在多少岁退休，而是我能在有多少收入时退休。

——乔治·佛尔曼，职业拳击手

美国人至少应该把他们一半的退休储蓄转移到年金里去。

——美国财政部

# 六　现在就开始像顶尖投资人一样进行投资

努力效法世界上最成功投资人已经达成的成就，遵循他们的蓝图，然后为自己的投资组合做相同的事。

安东尼·罗宾斯的研究中有一部分是他对 50 多位白手起家的亿万富翁的访谈，这些人包括诺贝尔奖得主、投资大师和金融传奇人物。这些亿万富翁有 4 项共通的特质：

（1）他们都专注于确保自己在不会损失本金的同时还能得到超高报酬。他们不接受那种在投资时必须承受巨大的风险才能赚到财富的方式。

（2）当承担风险的时候，他们总是追求全垒打。对于冒险投入的每一块钱，他们通常期待得到至少 5 块钱的报酬。

（3）亿万富翁投资人会多方设想。他们会做好准备工作并持续寻找不对称性的风险/报酬机会，这在漫不经心的投资人身上很少见。

（4）虽然拥有耀眼的纪录，但这些投资人永远不会停止学习、成长和回馈。尽管已经拥有大量的财富，可他们仍然持续前进，因为他们从未失去对成功的渴望。

整体来说，这些亿万富翁的故事说明了当今世界上要想成为赢家和富翁有许多不同的方法。你要发掘出自己的财务自由之路。

（1）卡尔·以卡恩：

◎不要在工作中寻找机会，要走出去为自己创造机会。

◎成为一位行动派股东——买进一家公司的股票，然后促进其公司治理并承担起董事的责任。

（2）大卫·史温森：

◎资产配置对投资报酬的影响事实上超过100%——因为只要你有买卖就会产生成本。通过

指数型基金买下整个市场，你的成效会更好。

◎要彻底利用你能找到的每一个避税机会。

（3）约翰·波果：

◎投资人形成的群体无法打败市场——他们就是市场。

◎大多数个体投资人为了求得平均表现而付出的太多。

（4）沃伦·巴菲特：

◎指数是应该采取的方式。不用支付费用给共同基金，就可以投资杰出的美国企业。

◎放10%在短期政府债券里，90%在成本很低的标准普尔500指数型基金里。

（5）保罗·都铎·琼斯：

◎总要投资在当时的主流趋势上，永远别想逆势而行。

◎投资的全部诀窍是："我如何避免失去一切？"摆脱任何跌落在其200天移动平均线以下的标的。

◎总是追求5比1的投资——花1块钱冒险要赚到5块钱。

◎“我极度关心赚钱，所以我必须知道自己并未遭受损失。对我来说，最重要的是防守，它的重要性高于攻击10倍。你必须随时留意负面事物。”

（6）玛莉·卡拉汉·尔朵斯：

◎成功的投资没有放之四海皆准这回事。

◎最佳投资人会面面俱到、深思熟虑并坚持某项计划。

（7）马克·费伯：

◎每个人总是想把梦想投资卖给你，但是到最后客户赚到的钱通常很少。基金经理人和推销人员都带着一大堆钱脱身，但客户却两手空空。

◎重点不是你买了什么东西，而是你为它支付的价格。你不会想在大家都有钱的时候抱着钱，因为这时候每个人都会争抢资产从而让它变得昂贵。

◎身为投资人，你必须多样化。我们完全不知道5～10分钟后会发生什么事，更别说1年或10年后了。

（8）查理斯·史威伯：

◎总是直视你客户的双眼。华尔街却相反——他们说："我们可以靠这个赚多少钱？好，就这么做。小伙子们开卖吧。"你不能听他们的。

◎投资那些免手续费的指数型基金——它们可期待的成果最多。

◎要想取得长期报酬，了解成长的基本逻辑至关重要。

# 七　开始享受未来
# ——它将是个美妙的地方

要过更圆满、更富足和更享受的人生，你不只需要知道该做些什么，还一定得着手去做。坚持目标并帮忙其他人做同样的事。未来一片光明。

未来会是一个美好的地方。新科技现在开花结果，带来一个繁荣和具有无限可能的时代。大约 10 年前这还几近于不可能，但令人惊讶的事物已经在一连串不同的领域出现：

◎医疗科学和基因科学。

◎网络。

◎新型能源。

◎纳米技术、3D 打印和材料科学。

◎洁净的水资源生产流程。

◎生产食物的新方法。

◎电脑及人工智能的进步。

◎机器人学。

很明显，未来整个世界会变得十分富足。当前的一些忧虑会被科技浪潮解决，例如老龄化时代的退休及债务问题、环保问题和气候变暖问题等等。

处于这种富足当中，财务自由对你有什么意义呢？个人财务自由的最终目标很可能是有机会留下个人的传承，让它在你百年后仍然会持续成长。享受丰富人生的关键就是让自己置身于能够回馈他人的境界。

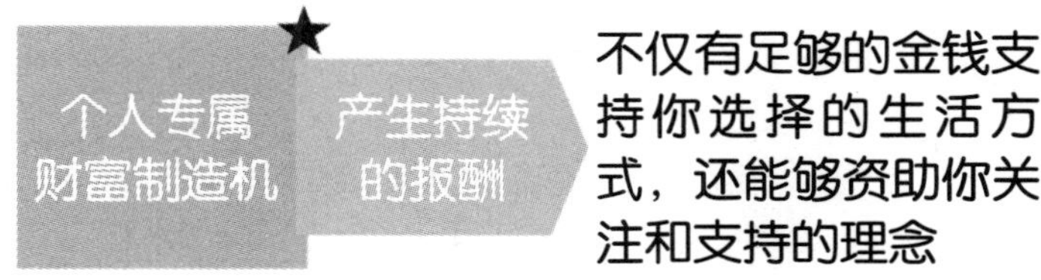


主宰金钱游戏并达成财务独立的重要性在于

它会影响你人生的各个领域，让一切维持平衡。你不会想到最后只是成为墓园中最有钱的人，你还想成功地打造人际关系、维持良好健康、追求个人喜好并且留下传承。你需要平衡这一切。

**关键思维**

我们靠自己取得之物维持生活，凭借自己送出之物实现人生。

——温斯顿·丘吉尔

生活的重点就是相信最美好的部分仍未到来。

——彼得·乌斯提诺夫，英国演员

富足并不是给这座星球上所有人提供奢侈的生活——而是给所有人提供一个充满可能性的人生。

——彼得·迪亚曼迪斯
X 大奖基金会创始人

有鉴于此，你必须随时思考 4 个问题：

1 我现在必须把自己的时间和精力专注于何处?

2 金钱主宰对我和我的家人有什么意义?

3 我今天应该做什么才能迈向正确方向?

4 我今天能做些什么来回馈他人?

◎你专注什么，你的精力自然往哪里去。把更多的专注放在你所拥有的而不是没有的东西上，这样你就会更快乐并能成就更多。同时还要专注于自己能控制而非无法控制的部分上。

◎把人生中突然出现的事件当做新事物的起点，而不是老旧事物的终点。改变看待事物的角度，你就改变了自己的人生。

◎当一日将尽时，你做了什么比你知道了什么更重要。要塑造未来，你就必须有采取不同行动的决心，然后朝着更好的方向采取大规模的行动。

◎思考自己对什么最有热情，并厘清如何在该领域留下传承。投资于其他人——没有什么能够比这样做所产生的持续幸福感更强烈了。

## 关键思维

用任何一种方式给予，都会比汲汲营营能更快建立财富。

——安东尼·罗宾斯

成为墓园中最富有的人对我来说并不重要。在夜晚就寝时可以对自己说我做了一件美好的事，才是重要的。

——史蒂夫·乔布斯

每一个人都可以变得伟大，因为每一个人都有能力服务他人。

——小马丁·路德·金恩博士

你要在现世活出完整的人生。去体验一切事物，照顾你自己和你的朋友，去享受乐趣、

去疯狂和搞怪，走出去恶搞一下！不论如何你都要生活，不如好好享受这个过程，掌握从自己的错误学习的机会：找出问题的根源然后排除它。不要试着趋于完美——成为做人的优秀典范就够了。

——安东尼·罗宾斯

# 超销售增长

## Hyper Sales Growth

Street−Proven Systems & Processes.
How to Grow Quickly & Profitably

# 原著作者简介

杰克·达里（Jack Daly），销售培训师暨销售教练。从事销售业务20多年，同时也是数家快速成长公司的CEO。除了公开演讲，达里也办研讨会，还写了《现实世界可行的营销策略》和《每日的销售动机》。每年达里都会写下个人的目标，每季度向5位督促他完成这些目标的人详细报告目标进展情况。他热爱运动,46岁时跑完第一场马拉松，58岁时参加了铁人三项比赛。毕业于威灵顿学院和拉萨尔大学。

本文编译：乐为良

# 主要内容

# 将销售团队打造成冠军队伍

你从职业运动中可以学到许多经营事业的道理。历史上每个传奇教练都有套系统和流程，并且有战术和练习，使队员能够在压力下专注执行教练要求的动作并善用机会得分。冠军队伍如此，你的销售团队也应如此。

杰克·达里是一位经验丰富并且很懂得激励人心的销售培训师和销售专家，他擅长精彩的报告、深入的研讨会以及生动的销售训练课程。身为数家公司的CEO，创业家的历程让他拥有销售产业的第一手经验，并且深刻了解如何使其在各类型公司中发挥最大的效用。

达里平均每年发表125场演讲，激励听众在销售规划、顾客忠诚及个人销售训练等领域采取行动。他的专业销售培训师秘诀让他成为销售教练权威并撰写出版了数本销售类专著。达里认为最重要的是建立系统和流程用以教导公司改进组织和销售，并建立制胜的文化，如此一来，公司的员工才会乐于工作，并且努力拿出最好的表现，成为冠军队伍。

**建立系统和流程，打造成功的条件**

达里 13 岁时在高尔夫球场当球童，一开始他只是提球杆、找球和耙沙坑。但是几周之后，他发现那些打高尔夫球的人都驾驶名车、拥有豪宅、生活阔绰。他认为这是向成功人士学习的机会，因此整个夏天都在找机会向他们发问："你为何能够比一般人成功？你做了什么不一样的事？什么错你不会再犯？对于一个想要成功的 13 岁孩子，你会想对他说什么？"

整个高尔夫球俱乐部的人都被他问遍了。他获得的结论是："你必须拥有一个目标，然后建立一套系统和流程来确保达成那个目标。"道理就是这么简单。许多创业家创了业但却不懂得如何

获利，问题就在于他们没有建立系统和流程。达里后来创办了6家公司，每家公司都在营收、销售和获利上快速成长，这就是“目标—系统和流程—实现”的验证。

**落实严格的训练，完成美好的梦想**

职业运动中教练严格的训练以及执行战术的作风，是达里非常推崇的做法。达里曾经带领过的最大销售团队有2600人，他告诉他们，销售产品的方法没有2600种，他们要找出最好的方法，据此建立相对应的系统和流程。

同样的态度也帮助达里实现了个人的梦想。达里在46岁时完成个人的第一次马拉松赛，57岁决定挑战铁人三项。由于当时还不会游泳，他花了一年的时间找教练进行一对一指导及练习。如今他已完成了13次铁人三项以及30次半程赛，并且在2012年代表美国参加了西班牙长距离铁人三项世界锦标赛，2013年获得了夏威夷铁人三项世界锦标赛的参赛资格。此外他也玩极限运动，包括高空弹跳、潜水和滑翔翼。

你的销售团队也一样需要教练的带领。他必须网罗出色的队员，让他们充满对胜利的渴望，给予严格的训练并下达精准的战术以赢得比赛。同时，他还必须挖掘队员的潜能，协助他们突破极限，不断缔造辉煌的成绩。达里做到了，你也可以。

# 一　愿景

要扩大销售并更上层楼，你必须要有吸引人的愿景。你需要一些鼓舞人心的东西来激发大家的想象力，让他们胸怀壮志，尽全力往前迈进。

伟大的愿景带给你必要的凝聚力，支撑你度过未来必将遭遇到的困境。你的愿景必须立足于今日的实际状况且坚信明日的机会。

一个吸引人的愿景必备要件包括：

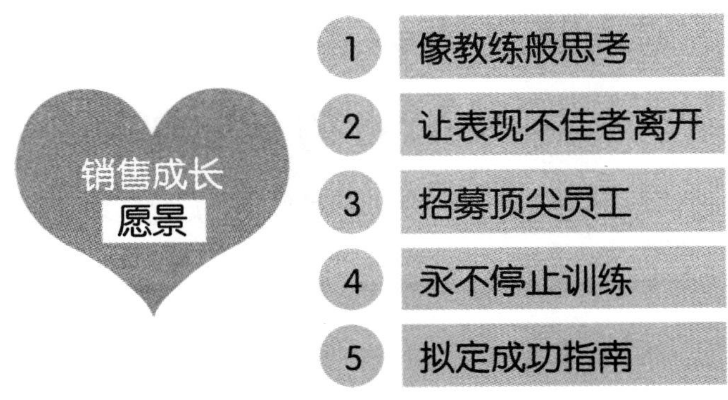

### 1. 像教练般思考

愿景是你用来描绘组织未来样子的画面。愿景必须有吸引力，必须能够解释为什么值得人们冒险去做。吸引人的愿景会在艰难时期带来凝聚力。

要扩大销售，通常得先壮大你的销售团队。你必须找到合适的人，鼓励他们做好销售。销售成长的关键在于找到合适的人负责管理销售团队。优秀的业务经理必须善于指导。

指导销售过程中常见的 3 个问题是：

（1）CEO 或老板同时兼任业务经理——这样等于把业务经理自动缩减为兼职的角色。如此一来是在表明："我希望公司业务成长，但它还不够重要到让我只做这件事。"这是行不通的。你必须有个一心只想扩大销售的专职业务经理。

（2）把最佳销售人员提升为业务经理——结果通常是损失了一位最能创造业务的人，多了位平庸的业务经理。这两种角色截然不同。销售人

员要的是即时回报，而业务经理要做的是招募、培训和发展，看的是长远的结果。不难想见当业务人员当上经理后，他会变得怅然若失，进而另谋出路，甚至成为你的竞争对手。

（3）把最好的销售人员提升为业务经理，同时期待他继续从事销售工作——这个保证完蛋。他将继续把关注重点放在顾客身上，因为他的薪水还是要靠顾客。销售团队的需求将没人理会，从而失去借力使力的良机。要成功地扩大销售，你必须像只想赢球的教练一样思考。坦承自己不是全能的并致力于网罗良才，销售人员或是业务经理都包含在内。

**2. 让表现不佳者离开**

扩大销售最可靠的方法之一就是至少每个月对销售人员做一次排名，以每个人都明了的指标公开地进行。排名报告必须透明且人人都能看懂。

接着再与销售团队的每个人逐一讨论排名，

最好每周讨论一次。你会发现究竟发生了什么事以及他们做了什么（对的或错的）才使自己得到目前的名次。

你会发现，销售团队中最好的25%带来了60%以上的业绩，而最差的25%只能产生6%或更低的销售。然而如果足够坦诚，你可能会承认，你把大部分的时间用在了情况不佳的销售人员身上，并任由绩效最好者自由发挥。

这里提供几个较聪明的建议：

（1）在每周与销售人员开会时，根据每个人的经验、能力和负责区域，替他们订出个人的最低绩效标准。

（2）给大家一段合理的时间来达成这个标准。每周对他们的表现提出你的建议。

（3）谁达不到最低标准，就请他走路，因为他不擅销售。如果他达不到数字，要想方法让他离开，让他去做可以发挥所长的事。

如果你这么做，便可省下试着让表现不佳者

变成高效生产者所费的时间和力气。这些努力难得见效却会浪费你许多时间。

**关键思维**

把关键人物放在关键位置，绝对是成功的秘诀。

——杰克·达里

你必须在确认有评估和提报员工绩效的系统和流程后，才能对他们进行升迁或解聘。表现出色的公司凭的就是这个。让你日子难过的不是那些被开除的人，相反，是那些你没解雇的人让你的生活苦不堪言。

——杰克·达里

### 3. 招募顶尖员工

招募员工是个持续的过程，而不是一次做完就算了。要不断寻找能加入销售团队并成为优秀销售人员的人。如果你能引进新的顶尖高手，就会影响到其他优秀销售人员，让他们更卖力地工作。

那么要如何招募绩效一流的人才呢？几点建议如下：

（1）口袋里永远有一份10~15位你想网罗进销售团队的人员名单——把你认为不错的人选填进名单，然后到产业之外寻找，期望招募到世界级的销售人员。

（2）设法与名单上的人保持联系，向他们示好并明确表示你想请他们加入公司。不管有无职缺，不断去找他们。

（3）拟一份书面的简介，列出最佳绩效者的特点和属性，与所有员工分享。接着再拿出1万美元作为奖金。当新销售人员带进10笔交易，你发给他们2000美元，带进20笔后再发给2000美元，带进30笔后给6000美元。其实你给的佣金是羊毛出在羊身上，没有这些新销售人员就不可能有这些营收。

（4）随时心存雇用一流绩效人员的想法，时时寻找态度正确的人。你能教他们一整套产品、价格、服务、战略和战术，但首先要看他们的态度。聘雇要慢，开除要快。

### 4. 永不停止训练

矛盾的是，业务经理的工作并不包括提高销售。他的工作是栽培销售人员。如果能提高销售人员的数量和品质，他们就会卖得更多。你可以通过招募绩效一流人员来提高销售团队的品质，但你还是要提供培训。

有效的培训方案包括：

（1）亲自传授——积极地与现场的销售人员共事。可以混合几种方式进行，包括与他们一起拜访潜在顾客、让他们陪你一起出门做销售拜访，或是观察他们如何进行销售然后再加以指导。每次拜访后都要进行总结，指出哪里做得对，哪里则需要改进。业务经理每个月最少应花 4 个小时与销售团队一起进行实际的销售拜访。

（2）角色演练——让销售人员现场模拟并指出他们的失误。职业球员花在练习场上的时间远多于正式比赛，你的销售团队也该如此。你不会想让他们拿潜在顾客来练手。每周来次工作研讨会，让销售人员可以练习做他们应该做的事。

如果公司经营得不错，就让你的培训预算加倍。如果公司做得不是很好，则加3倍。

——汤姆·彼得斯，《追求卓越》作者

不训练就没有收获。

——杰克·达里

### 5. 拟定成功指南

除了亲自传授和角色演练，你还必须拟出一份成功指南。这是份实战文件，详细介绍了顶尖

销售高手该如何回应潜在顾客的问题以及他们该如何解决困扰潜在顾客的麻烦。

替自己写出成功指南：

◎请经验老到的销售人员列出10～15个最常遭遇到的阻力。

◎写下针对每个阻力的最佳回应。

◎列出你预期竞争对手面对同样阻力时会有的回应。

一旦你拥有了成功指南，便要尽力使之流通。让销售人员针对那些阻力做回答练习，直到滚瓜烂熟为止。务必设法让你的回应里有竞争对手意想不到的答案。

成功指南还要包括自己产品或服务无可匹敌的功能和好处。如果有人问："我为什么要选择你们公司？"销售人员应该能够自动产生一个好答案。

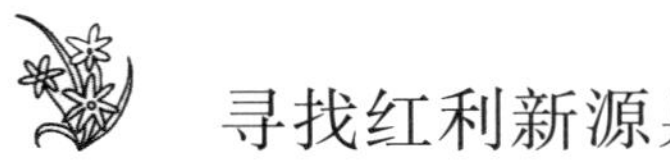



亲自传授　角色练习　成功指南

优秀的销售培训方案

销售成长

## 关键思维

我曾经听人说：“当你未经缜密思考便行动，就等着出事吧！”如果公司真能做好成功指南并以它为基准，销售可能会提高20%甚至更高。

——杰克·达里

# 二 人员

要想有高速的销售成长，你得安排能像教练一样思考和行动的人去做业务经理。销售管理是扩大销售的关键。

具体来说，你要有位业务经理来负责教导销售人员如何表现得像个绩效一流的人：

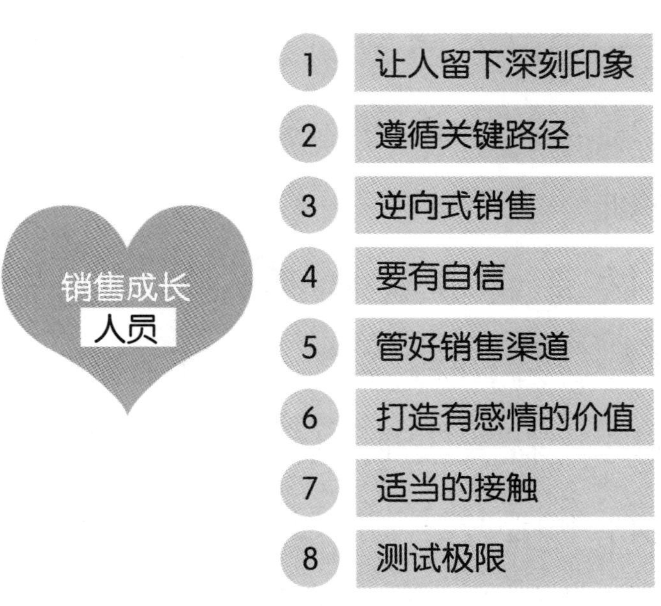

### 1. 让人留下深刻印象

要在销售上表现杰出，你必须让人注意并且记得你。留下良好第一印象并奠定良好基础是很重要的。做到这件事的 3 个点子包括：

（1）有个超炫的语音问候——每天都做些改变。“嗨，我是杰克·达里。今天是 12 月 10 日星期三，我正在参加一场销售研讨会，寻找能给你提供更好服务的方法。我会检查留言并回您电话。祝您有美好的一天。”你还可以纳入当地球队的得分、当地天气预报、名人生日等。每天做些改变——这很容易做到。这要比“我现在不在座位上，请您留下讯息，我会尽快回复您”更让人印象深刻。

（2）做完业务拜访后，立即进行后续追踪——如果是拜访新客户，人还在对方办公大厅或停车场时，就要发封电子邮件致谢。向对方保证你会履行承诺并主动采取一个步骤，这样下回见面时就能从该步骤继续下去。如此一来你就制造了互动。

（3）维持私人关系——寄封亲笔写的感谢函。找到可以引起对方注意的卖点："史蒂夫，很高兴上次见到你。我正期待替你找到双赢的结果。我很高兴我们都爱打小白球，希望可以很快一起相约打球。谢谢你，杰克。"当你寄出感谢信时，在信封上的名字旁注明"私人信件"。到最近的邮筒寄出，以便对方能在销售拜访后的当天收到。为此，你得在车内准备好感谢信，方便你随时寄出。

## 关键思维

我的包是个战术工具包或者说是工具箱，我之所以如此称呼它，是因为它使我在做销售人员的生涯中赚了上百万美元。包内有公司印发的感谢卡、信封以及一叠名片。包内还有邮票，并且是独特的邮票。一些邮票上有我穿着西装的照片，其他邮票则是我跑到终点的照片。这些邮票都可以在网上订到。我的包里还有特制的相片贺卡或信封。

——杰克·达里

## 2. 遵循关键路径达成销售的路径图就像一座金字塔

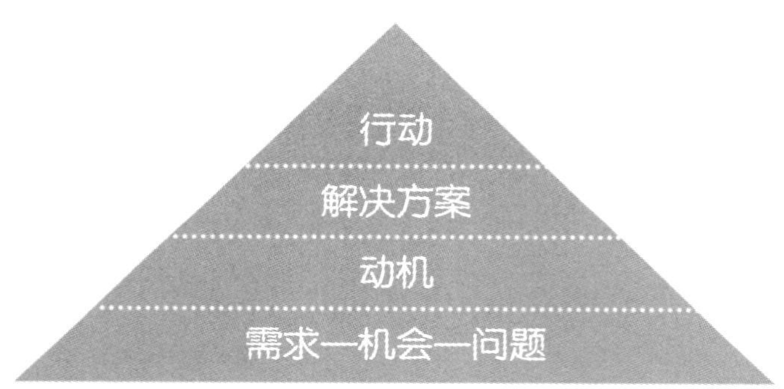


最佳推销之道是忘掉销售，然后专心帮助别人解决问题，对方甚至不会觉得正在被人推销东西。而这正是你想要的。

销售成功的关键路径有：

（1）花至少一半的时间在金字塔的底部——通过提问知道对方的问题以及他们有何想法。要对

他们感兴趣，而不是以自我为中心。你愈下力气帮助他们，他们就会愈信任你。

（2）查明对方的动机——他们是否天生有自信，做决定根据逻辑还是情绪？配合他们的性格特质，才能知道什么事情能激励他们。

（3）拿出你的解决方案——强调对对方有利的地方，而不是“这是我能为你做的事”。从他们的立场着想，并从他们的角度提供好处。

（4）鼓舞他们向前迈进。

## 关键思维

对我公司里的销售人员，我要求以下几个条件：他们必须每天改变语音信箱的问候语，必须使用自己的包。事实上，我有些客户会给销售人员提供印有公司名称和标志的包，而且告诉他们一定得用这个——这是他们做生意的方式。

——杰克·达里

提问并聆听。这是专业销售的本质。光顾着

说话你什么都学不到。

——杰克·达里

没有人会因为听得太认真而丢了销售。

——罗伯特·艾普斯坦，作家

### 3. 逆向式销售

要想在销售上表现杰出，你必须“逆向思考”——你必须厘清最后想到哪里，再倒推回来想清楚要如何到达那里。

逆向思考有 4 个要件：

（1）写下目标——因为没写下的目标不过是个梦想。成功人士或组织都会写下他们打算做的事。

（2）以书面形式规划好要如何实现你的目标——列出实现这些目标必须采取的具体行动。全神贯注地搞清楚你必须完成的行动，以便产出必要的销售。

（3）找出评估系统——用来追踪总目标的进

度。这些指标能让你把总目标拆解成为每年、每月、每周各自要完成的目标。每家企业都知道：你评估什么，就会做到什么。

（4）实施问责制——每周向负责人汇报自己的成绩。如果你是业务经理，这就是你要替所有部属扮演的角色。问责才会有结果。这比什么都有效，所以非常重要。

**4. 要有自信**

要有正确的态度，你必须遵守5个基本法则：

（1）自律法则——你必须每天去做最有生产力的事。把时间用在有生产效率的事上，再把其他事情交给助理去做，让自己事半功倍。把大部分的时间用在最有价值的项目上。

（2）责任法则——你必须挺身而出，为你所做的一切负责。这就是“尽其在我”的心态。

（3）吸引力法则——你必须相信，只要真心想做，就会找到需要的人和资源，甚至会让他们自动上门。吸引力能缔造出必要的情境，完成了不起的事。

（4）预期法则——基本上就是指你生命或职业生涯中发生的事，其实差不多就是你预期会发生的事。只要提高标准，你肯定会对自己遗漏且一无所知的生意之多大吃一惊。

（5）信仰法则——你的指导原则、热情或个人信条。你的信仰应该是无论设下什么目标，只要付出必要的代价就能达成。

**关键思维**

如果要我给销售人员提供一个简单的成功销售公式，那么首先是找到并执行这一特定行业中要达成销售的必要活动。所有的销售高手都专心在做这些事。他们没有一个晚上不是做好这些事才回家，而表现普通的人则会想出各种理由不去做那些事。

——杰克·达里

顺利成交有一半与产品、价格、服务、战略

或战术无关——而是你要一早起床就对自己说："今天我要出门好好处理掉几件事。"

——杰克·达里

成功来自于知道该做什么以及何时去做，不管我们想或不想。

——吉姆·普拉特，美国著名地产商

### 5. 管好销售渠道

每位销售人员应该随时都要有3个桶：

潜在顾客就是你想和他做成交易的人。买东西的人就是顾客。如果他们多次购买，就把他们从顾客桶移到客户桶。管好销售渠道就是定期检视每个桶，并采取行动把人从一个桶移到下一个桶。

成功销售的关键是在恰当的时间拜访适当的人。你可以做得更好，只要你能放弃拜访无法购买或根本不会买的人，多去拜访机会高的人。

至少每个月，但最好是每周，你应该停下来检查这 3 个桶。询问自己：

◎目前谁是我的首位潜在顾客？

◎我要多久接触或联系他一次，并提供价值给他？

◎有什么事情会阻挠我与首席潜在顾客交易？

◎目前排名第二、三、四、五的潜在顾客是谁？

◎我要多久与他们接触一次，以什么方式？

◎有什么事情会阻挠我与这些潜在顾客交易？

管好销售渠道就是至少每个月都要检查这些桶，并设法将人们从一个桶移到另一个桶的过程。你要把时间花在最有利而且带来最多生意的事情上。

**6. 打造有感情的价值**

每当有新顾客首次购买你的产品时，他们都

是根据未来希望得到的价值来决定购买的。如果你够聪明，便会不停寻找各种方法来提高你的产品和服务中让人有感情的价值。

几家公司在这方面做得特别好，包括：

◎蒂凡尼——有著名的蓝色小盒子或袋子。

◎星巴克——卖的是体验，不只是咖啡。

◎哈雷摩托——事实上是靠额外赠送摩托车来贩卖激情组织的入场券。

## 关键思维

达到最高境界的销售人员，会定期淘汰大量的潜在顾客。

——杰克·达里

在工厂，我们做的是化妆品，但在店里我们卖的是希望。

——查尔斯·露华浓，露华浓化妆品创办人

潜在顾客与你交易前，你有许多方法可以打

造有感情的价值。网络最擅此道：

◎潜在顾客可以上网看看你提供什么、问问题，再查查满意顾客的评论等等。专业网站可以打下信任的基础。

◎社交媒体是加深关系的绝佳工具。人们总是喜欢和同类的人做生意，脸书能让你建立友谊和关系。

◎ LinkedIn 可以让你接近那些未来可能成为影响核心的人。你可以加入群组、推荐产品并让潜在顾客得知它的好处。通过 LinkedIn 的资源，你可以做得很好。

◎即使像 Plaxo，在提醒你有人生日快到了时也是个好工具。

◎你也可以写博客或从其他人的博客上转载文章，引起关注并建立关系。

**7. 适当的接触**

首次交易后就该是深化与扩大同每位新顾客关系的时间。方式是与他们的朋友、旧识、供应

商、同事等建立多个接触点。

你应该把这些相关人士组成不同的群体，然后坐下来想清楚要如何为每个群组打造不同的有感情的价值，然后再想出一套“接触系统”去联系这些人。

你要做的就是以各种独门方式与人联系。统计数据显示，对方在认真考虑与你交易前，往往需要9次的接触，但多数销售人员在5次前便放弃了。主动接触的方式有很多：

◎你可以把相关的产业信息寄送给他们。

◎把在最近参加的研讨会上得到的点子汇整给他们。

◎送出特定的书籍和其他内容资料的复印件。

事实上以多个接触点与人联系是个好方法。追踪自己的品牌进入他们生活的频率并持续努力。如果愿意，你可以在数据库中追踪所有的接触活动并找出怎样的频率最有效。只要确保在每次接触中都提供了价值，便能肯定且稳定地增加你提供的有感情的价值。

**关键思维**

销售人员必须了解，网络是个充分利用关系、接触顾客并将顾客区分清楚的好工具。

——杰克·达里

接触是什么？接触就是出招让别人知道你的存在。接触可以是私人拜访、电话、电子邮件、语音邮件、传统邮件、传真或社交媒体联系，是告诉人：“嘿，我在这儿。”如果没有人知道你的存在或没人听说过你，就没有交易。没见过没听过，就没交易。

——杰克·达里

## 8. 测试极限

虽然听起来令人诧异，但铁人三项和商业营运有着许多共通的经验教训。具体而言包括：

◎态度决定商业成功，铁人三项也是。你得到的结果，至少有一半在于你做事的态度。

◎你要有目标，否则无法准备必要的努力。当做好比赛计划与措施，再加上一个对你问责的人，你就会做得很好。

◎在体育和商业上，追随大师的脚步绝对很有道理。找到已经完成你想做之事的人并向他们学习。时间一到，你必能登上高峰。

◎从别人的错误中学习，而不是从自己的错误中吸取教训。这样更好也更便宜。

◎不练习便无所获。你要随时学习。

◎要有一组人帮你做铁人三项的训练，做生意也一样。组成一支理想的支持团队，强化你完成任务的能力。

◎不断测试个人的极限。愈是这样做，愈能明白极限实际是自我设限。让自己克服困难。

## 关键思维

提高门槛是你的责任。你必须甘冒相信自己的风险。在测试出自己可以达到的极限前，你无法知道什么才是真实的机会。克服困难的主要障碍就是从不去挑战它。

——杰克·达里

你可以有最好的点子、最好的策略、最好的战术、最好的系统、最好的流程，但除非你采取行动，否则没有一样有用。

——杰克·达里

# 三　文化

要把销售推到新高，你要有以销售为中心并以销售为重的文化。公司内还要尽可能充满冲劲十足的人，而不是充斥着敷衍了事者。

打造一个可以促进销售的工作环境不是深奥的学问。你必须达成的要务非常简单明了：

### 1. 聘雇积极上进者

要让人充满干劲是很难的事。比较聪明的想法是聘雇有干劲的员工，继而打造能让销售技巧蓬勃发展的文化。你雇用的应该是既有干劲又有能力的人，每个新进人员都该受到欢迎。

多数公司的新员工从周一开始报到，而这时其他人都忙于自己的“待办事项”。也许员工报到改在周五会比较好，因为这时办公室的气氛可能比较轻松。不管选哪一天，你都要让新进员工感受到特别的对待。

理想的新进员工报到做法应该是：

◎当他们来到柜台，会看到白板上写着他们的姓名和“欢迎”。

◎接待员热情迎接他们并说：“我们已经听了很多关于你的事，有你加入真好。”

◎接待员把新进员工带到他的座位，天花板上挂有丝带、有公司主管亲笔签的字条、一盒印好的名片以及印有公司标志的衬衫和棒球帽。

◎与新同仁共进午餐并自我介绍。

◎当新进员工下班回到家，会发现公司已送来一瓶红酒，并附上一张字条："谨以此酒庆祝一起展开美好前程。"

整件事的花费可能是100美元，但带动新员工士气的效果惊人。如果新进员工做得出色，回报会是这笔投资的数倍。

**2. 给他们发挥的空间**

找到适任员工后，要让他们感到受欢迎。聪明的做法是退后一步，放手让他们工作。如果已有活力充沛的文化，新进员工就会受到鼓励并把工作做到最好，不需要你紧迫盯人。

捷步网络鞋店最为人称道的是，如果新进员工在完成3周的带薪培训后却不想留在那里工作，公司会发给他2000美元现金。一年里会有3个人拿钱走人，但其他人则会因为他们想在捷步工作而留下——当顾客来电时他们会热情回应。这可能是所有公司都可以借鉴的好模式。找到优秀人才，给他们工具，然后让他们自由发挥。

### 3. 赢得人心

篮球教练约翰·伍登最著名的业绩是带领加州大学洛杉矶分校篮球队在全美冠军杯的10个赛季中赢得9季。比赛中，他只是坐在看台上观看自己的球队，从不在场边大呼小叫。当人们问他为何如此时他会说：“如果在赛前还没想出对策，那就为时已晚。”

伍登之所以杰出，因为他以流程、一致性和练习赢得了球员的心。多数企业主则刚好相反——他们只重视计划与实际的财务比较。如果能多关注系统和流程而不是记分板，情况会更好。

如果想打败对手，你就应在组织内建立能孕育成功的系统和流程。建立自己的文化，再让员工去做顾客满意的事，这样顾客就会成为你的客户，持续与你交易。这是一种可行的全新做法。

## 关键思维

员工和文化是竞争对手无法复制的两个资源。

——艾瑞克·佛菲霍兹

加州大学洛杉矶分校安德森商学院教授

你必须先从文化和价值做起，承诺打造绝佳的工作环境。这些事不能造假，必须一一做到，这是一切的根本。

——弗雷德·威尔逊，创投基金投资者

保持活力。一切都源于员工，没有例外。你将得到忠诚与热情，并让顾客得到一流服务。

——理查·布兰森，维京集团创始人

我每天要求员工3件事：努力工作、乐在其中以及互相照顾。如果我们能在产业中创造一种环境，让在其中工作的人不是勉强起床上班，而是高兴地起床工作，那么我们就会有竞争优势。

——加里·凯利，美国西南航空CEO

建立成功文化的第一要件是打造让人踊跃加

入的环境，而不是接收那些别无出路才来的人。

——杰克·达里

### 4.让工作变得有趣

简单的事实就是，如果可以让工作变得有趣，你就能让员工做超出规定时间的工作。你有可能已经发现，带来最多业务的人总是早到晚归，甚至只要一有机会便在周末溜进办公室。乐趣的力量就是这么强。

哈佛大学的约翰·科特博士的成名作就是一份历时10年的研究报告。在此报告中，他有以下发现：

◎花时间处理文化的公司其营收在10年内增长了682%。不处理文化的公司，在同一时期内营收仅增长166%。

◎文化丰富的企业，股价在10年内涨了901%，不重视文化的公司只有7%。

◎10年间，文化丰富的公司净收入增长

756%，没文化的公司只有1%的增长。

◎文化丰富的公司就业成长增加了282%，文化差的公司只有36%。

**5. 身先士卒**

职业运动可以教给想做成生意的人许多道理。传奇教练凡事都有套系统和流程，然后他们严格训练球队，使他们能够专心在压力下执行动作。赢得冠军就靠这个，在商业上也是如此。

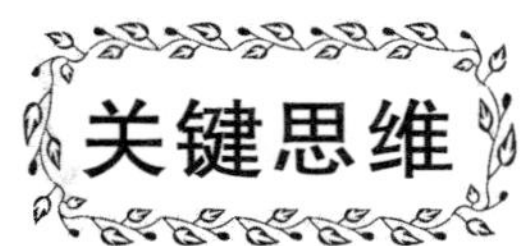

**关键思维**

如果不善待员工，他们也不会善待其他人。

——赫伯·凯勒尔，美国西南航空共同创办人

你希望员工不会自扫门前雪，而是替组织和顾客寻求更大的利益。这也是奇迹发生的时刻。多数时候，企业领导人根据财务报表管理公司。公司需要设计自己的比赛计划并建立销售、销售管理以及文化领域的系统和流程。

——杰克·达里

### 6. 精心打造你的文化

要打造强势文化，需有 4 项要件：

（1）奖励系统——用具体的方式告诉同事你多么感谢他们的辛勤工作。可采取的方式有很多，成功的公司会使用各种奖励系统和工具：

◎亲笔字条和卡片。

◎共进午餐等惊喜活动。

◎授权给要做变革的员工。

◎奖励新点子和建议。

◎公开表彰优秀员工。

◎发送数字卡片。

◎举办竞赛并奖励获奖者。

（2）沟通系统——非常重要的基石。领导者讲明什么是重要之事，这会促成强势文化的茁壮成长。可做之事也很多：

◎有机会就谈谈你的愿景。

◎在办公室外开规划会议。

◎每天小聚 15 分钟进行讨论。

◎发布正式的月报。

◎以 DVD 形式提供最新季度报告。

◎每季度关注不同的主题。

◎发布年度公司施政报告。

◎新人训练，包括企业文化解说。

◎对现有员工进行培训。

◎发布进度检讨。

◎员工普查并讨论结果。

◎分享关键指标和绩效结果。

◎把与总裁共进午餐作为鼓励。

（3）授权流程——如果能让员工像老板一样思考并采取行动，你的文化将大放异彩。其实真没这么难——授权的结果经常是鼓励大家去思考 5 个问题：

◎这样做对客户好吗？

◎这样做对公司好吗？

◎这样做合乎职业道德吗？

◎你愿对此事负责吗？

◎这样做符合公司信念吗？

（4）个人和事业发展流程——务必让这些系统与你努力培养的文化一致。你还要持续监控你的商业活动、系统和流程，以确保它们保持一致并且有助于打造成功的文化。

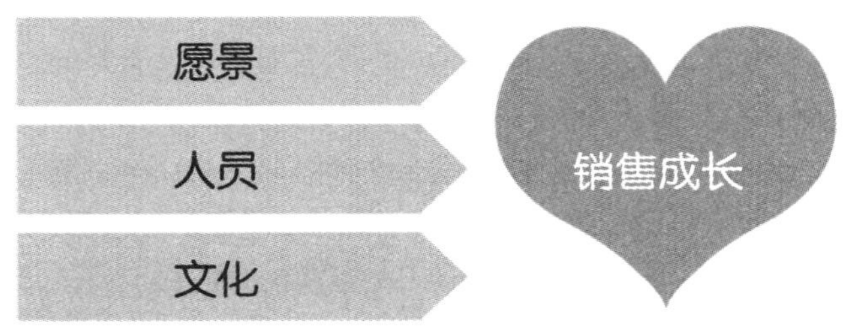


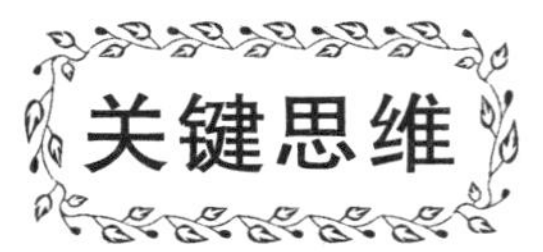


没有不能交办的事——除了表扬你的员工。

——杰克·达里

多数的公司对自己的产品或服务都过于重视细节，忘了要争取员工的向心力。它们只顾功能面，却忽略了最要紧的事。它们应该注意促成企业成功的最关键因素。

——杰克·达里

# 客户所爱

## What Clients Love

A Field Guide to Growing Your Business

# 原著作者简介

哈里·贝克威（Harry Beckwith），贝克威广告营销顾问公司创办人。他是知名演说家，也是备受敬重与推崇的营销专家。他的公司专精于品牌定位、顾客关系及沟通策略，客户包括微软、ServiceMaster、自动化资料处理公司ADP、默克制药、惠普科技、State Farm保险公司等。他曾荣获全美营销协会Effie奖。著有《服务营销新视野》、《服务营销新策略》等书。

本文编译：何如意

# 主要内容

# 别再说不知客户喜欢什么

你事业成功的关键往往归结于有没有能力持续发掘一个关键问题的答案："人们究竟喜欢什么？"只要能每个星期持续回答这个问题，并根据客户喜好调整业务，你便能找到成功的待客之道。

无论从事哪一种行业，你所做的不是在解决问题就是在满足渴望。因此，我们总是在挖掘问题或制造渴望，希望能换得消费者关爱的眼神。

当消费不再纯粹只是解决基本需求，各种抽象的诉求和五花八门的选项就会不断衍生，包括千奇百怪的产品名称、更多口味的选择、更多量身定制的方案以及更多的象征意义等等。最终结果是精疲力尽的买卖双方——一边为了推陈出新而焦头烂额，一边为了买个东西而眼花缭乱。更有趣的是这个现象似乎没有停止的可能。当然，这也是商机不断的保证，但因而它也吸引了更多的挑战者加入，形成更大更混乱的战场。

然而，人们究竟喜欢什么呢？

在得到答案之前，所有的努力都是为了验证它。有的人从产品和服务的功能出发，有的人专注公司品牌形象，有的人强调价格取胜，有的人则靠人脉关系……别再说你不知道客户喜欢什么，其实你以为你知道，不然你在忙什么呢？

只是，你可能忙错了方向，使自己在这场混乱的赛局中也变成了乱源。营销专家哈里·贝克威不断强调的重点或许可以引以为戒：

“能帮助顾客弄清楚所有选择的公司，比起只想增加更多选择的公司更受欢迎。”

“一个好的品牌是解决某个特定的问题而不是更多问题。”

这正是我们经常犯的错误。在信息爆炸的状态下，我们反而失去了焦点，给客户造成更多的负担和困扰。即使一个产品成功了，我们也很容易把原本简单易懂的产品或服务变得更复杂。

那么，我们究竟该怎么做呢？

一个成功的产品或服务有各种组成要素，我们无法提出绝对完美的公式。但是，营销顾问专家最擅长的就是告诉你100件该做的事和100件不该做的事。前面100件事可能得各凭本事才能做好，后面100件事则是只要小心谨慎就可以避免错误。

如果你不懂得如何避免犯错，又自以为知道客户喜欢什么，那你可能就是在缘木求鱼。你与顾客之间的关系就和生活中的各种其他关系一样，得付出真诚并了解对方，而不是一股脑单方面表白。别再说你不知道客户喜欢什么，这是你每天都要寻求解答的课题，也是你踏入一个产业最终想要实现的梦想所在。

# 一　妥善的规划

商业计划的真正价值在于规划的过程。研拟一份商业计划会强迫你检视你的业务、你的市场和你的顾客。

想要在事业上成功，你就要利用商业计划教导自己你的客户喜欢什么以及愿意为什么付费。

## 1. 白色核心热区

每个产业都有一个“白色核心热区”，那里是所有重要活动发生以及所有有力人士活动的地方。如果可以找到这个热区并且制造活动，你就能吸引更多注意和新的顾客。

要找到你所属领域的热区，你要问的是：

◎谁被公认是我所属领域的专家？

◎哪些出版物在我所属产业里最具影响力？

◎哪些商展会能展示最尖端的产品？

一旦找出白色核心热区，你的挑战就变成研发一个有效的地图和策略，用以耕耘那个白色核心热区。只要这么做，你的客户自然会喜欢你做的事情。

### 2. 理想的商业计划 14 原则

研发比较好的商业计划要遵循以下原则：

（1）不要再试图预测未来——相反，你要根据一个永远不变的要素做规划：人们会愿意为他们喜爱的东西掏腰包。

（2）不要听从顾客的话——反而要观察他们的行为。大部分顾客说的和做的并不一样。你要留心他们怎么做。

（3）千万不要去管别人以前提供了怎样的产品——因为真正的突破不会来自那里，你应该寻求全新且不一样的东西。那是让自己与众不同的唯一方法。

（4）质疑权威——并且欢迎原创思考，而不是政治正确的集体思考。

（5）对于专家见解总是抱持怀疑的态度——并且和一些真正的顾客交谈以补充专家建议。打电话同一些顾客聊聊，找出他们喜欢且未来愿意花钱购买的东西。

（6）停止研究——因为它很可能被问题设定所左右。相反，你要和顾客交流，然后找出他们究竟喜欢什么，而不只是觉得听起来不错。

（7）不要信任你自己的经验和记忆——因为长时间下来它们可能扭曲失真，而你却毫无察觉。

（8）质疑任何你觉得没问题的事——因为那是警讯。不断质疑你自己，不要让销售人员把信任当成说服你的工具。

（9）记住“够好”总是胜过完美——特别是在你想向客户多收点钱的时候。他们对于最后一点点差别根本不会在意。

（10）请永远记得常识只能让你维持现状——要有所突破需要的是想象力和灵感，而不是更多理所当然的想法。

（11）不要有惰性——想到就去做，不被惰性所困。

（12）少花点时间做计划，用更多时间做性价比高的实验——如此你才能发现什么东西真的有效，而不只是看上去或听起来有希望。

（13）了解做生意时没有什么是必然的——所以你要积极主动而不是坐等成功上门。

（14）寻求百倍进步——对于既存的事物要寻求突破而不是渐进改变。

### 3. 忘记使命宣言——界定你的目的

作为激励或组织工具的使命宣言已经变得让人厌倦和疲惫。相反，你要简单扼要地界定你经商的目的或是你热衷的东西。在拟定目的宣言时不要忘了把目标提高。知道自己所做的一切真能让人们生活变得更好，是每个人都喜欢的感觉。

### 4. 发掘客户喜好

想让人们坦率直言，要用电话而不是面对

面和他们交谈。人们在电话里更容易表达及批判。有鉴于此，打电话给你的客户，问他们一些问题，发现他们的喜好。愈了解既有客户，未来你就愈有机会开发可行的商业点子，迎合客户的喜好。

**5. 新经济和同样的人**

在拟定商业计划时，许多公司整合了网络要素，然后就坐等“新经济”的成长为它们做营销。这是个巨大的错误。对于大部分公司来说，网络是一个很有效的客服工具，但不是理想的营销工具。换言之，网络只是工具而不是发展业务时克服困难的全部解答。

大体而言：

◎人们仍旧喜欢触摸和体验提供给他们的产品，而不只是靠简单的描述。

◎网络上的体验永远不可能完全复制你对某个东西产生的深刻印象和难忘的感觉。

◎顾客自然会拒绝造假（广告的一切）并且

喜爱真实（体验到的一切）。

◎信息科技对数以百万计的服务来说只有路过的关系。对于这些服务来说，网络最多只是像电话或电子简介。

◎除了重新定义了一些中间媒介的角色，网络迄今为止对商业没有造成多大改变。通过电子商务时代的早期成功案例可以发现，它们现在和顾客的交往必须更加个人化，而不是降低个人化。

## 关键思维

经济是新的，但人还是老样子。

——茱迪丝·巴德威克，心理学家

下一次在思考战略时，问自己："如果让我经营一家敌对公司，我要如何击败我自己？"消灭那个弱点，那是你的软肋。然后打造你与众不同的强处——赶在别人着手这么做之前。

——哈里·贝克威

# 二　清楚的传达

当信息超载愈来愈严重，愈简单、愈清楚、愈经过过滤的东西就愈突出。也就是说，能帮助顾客弄清楚所有选择的公司，比起只想增加更多选择的公司更受欢迎。

要在商场上靠着名声获得成功，你要说些不一样的内容——一些简单而且最好有画面的内容。

## 1. 今日被人听闻的最佳方式

在今日的商业环境，要想让人了解营销诉求，试着记住以下必要事项：

（1）不要尝试找更多广告商讨论——而是要在没人来过的地方做广告。

（2）说少一点——因为单一诉求将一枝独秀，而一堆诉求只会变成背景噪音。

（3）愈多视觉元素愈好——因为你的表现和外观会比你声称的内容更吸引人。

（4）每句话都要算数——而且永远都不能浪费顾客的时间。

（5）清楚知道你的一切作为——并且保持沟通环节出类拔萃。特别要精通如何营造良好的第一印象。那些一开始的瞬间判断会很明显地影响接下来发生的一切。

（6）留意你使用的标题、标签及描述——因为它们可能在不经意间形成负面的刻板印象。只要使用一个比较好的标签，你的新点子就可能避免受到冷遇。

（7）简化所有一切——直到每个客户都能了解那是怎么回事。你提供的选择愈多，情况就愈混淆不清。让一切简单明了，客户就会喜欢。

**2. 侵入式营销做法**

人们愈来愈讨厌侵入式广告——那种在他们想看一场比赛、开车沿路欣赏风景或是日常生活中出现的广告。有鉴于此，机灵的广告商对要在哪里及如何尝试销售非常挑剔。

然而这并不是说所有广告都不好。相反，好的广告会增进所有其他直接销售环节的效益。大部分客户都不喜欢听坏企业讲的话，但还是喜欢从好企业得到消息。

几乎所有商业行号今日都在称颂口碑营销——也就是只要你能提供卓越的服务，客户就会对亲朋好友称许你。然而实际上，客户根本很少称许什么，他们也绝对不会对到处都可以取得的东西称许有加。

因此，别再想口碑营销了，你反而要固守坦率且诚实的广告。不要为了吸引注意而去尝试做古怪的事——那样做丝毫不具营销力。相反，要研发优秀扎实的广告。如果广告处理妥当而且次数够频繁，大部分的人就很自然地会认为你肯定做对了一些事。长期下来，具备一致性的广告就会让人认识你的公司，然后你就得找出有效的方式把认识和认同转变成产品和服务订单。

### 3. 靠出版产生更多业务

促进业务的一个有效的间接方式，是在地方商业报刊上撰写一些专业文章。如果你的内容不错，报社就会很乐意出版，因为它们本来就一直在寻找优秀内容。

把它当做营销策略的好处在于：

（1）你永远想不到一篇文章会带来什么——你可能会得到公开演说的机会、咨询业务或是其他许多随之而来的业务。

（2）撰写文章是个良好的训练——因为它会迫使你阐明知道的事并且总结想法。而且，当你努力想要写得更清楚时，你会发现未来向客户说明产品的更好方式。

要让你的文章被出版，你只需要牢记4项基本要点：

◎针对各种报刊杂志的偏好，先做足功课。

◎等你有个不错的文章构想再找编辑谈，不

要浪费他的时间。

◎请记住，你不是想贩卖一个故事构想。编辑感兴趣的是读者的满意度。你要表现出你可以做到那一点，让他感兴趣。

◎绝对不要感谢编辑帮你处理文章，因为那样做好像他给了你一份人情。你要感谢他为你的文章增添了价值。

不要烦恼如何为你的文章取得专家推荐——因为没有人真的相信那些。相反，编辑比较喜欢自己做决定。不要在文章中引用任何无名氏的话，人们只会觉得那是你自己编的。

**4. 如何在你的领域里看起来像个专家**

今天每个在做营销的人都希望自己像个专家。但是大部分的人对学历已经不像从前那么信任，因为他们都听说过，只要你想，就可以通过网络取得任何领域的博士学位。

因此，要让自己像个了解潜在客户的专家，你得做到以下几点：

（1）说话清楚——因为专家非常了解他们的主题，他们可以把事情简化到一个让每个人都能了解的程度。

（2）提供牢靠的信息和事实——而不是模糊、冗长、暧昧和不必要的空话。

（3）提供你已经出版文章的复印件——证明那些在你所属行业里有经验的人士也很重视你说的话。

（4）考虑雇用一位有杂志撰稿经验的专业写手——帮助你完成清晰又妥当的高度专业文章。

（5）省去陈腔滥调、夸大的词藻和形容词——简单地表述所有可以证明一切的事实。

（6）从读者的观点撰写文章——也就是在文章中大量运用“你”和“你的”。找出读者想要知道什么并且精准地表达出来。你的文章愈是贴近客户的角度，它的效果也就愈好。

没有任何词比自己的名字听起来更好听。如果你一开始做简报时忘了提到潜在顾客的名字，潜在顾客就不会再理你了。

——戴尔·卡耐基，人际关系学大师

**5. 更多做好沟通的秘诀**

表达愈具体，最终的效果愈好。例如，如果你给一位同事说“我们的巨额增长”，效果远不如写成“连续 5 年我们每年的增长持续超过 25%”。愈具体，你就愈可信，你写的内容也会因此而更具影响力。

同样，简洁也很受欢迎。今天每个人对自己的时间都很在乎。因此，他们喜欢人们直接说重点，而不是一直绕着事实打转。在广播事业中一针见血取代了长篇大论，对关键事实的快速摘要比背景资料分析更得人心。有鉴于此：

◎每次在书写的内容中，你都要试着列出一些要点，重点阐明你的观点。

◎如果是书面形式，在撰写第一份草稿时计算一下字数，然后在第二份草稿时把字数减半。你的第二份草稿极有可能会更清楚也更好。

◎把每篇文章中多余的赘字都去掉。不要谈及任何无法用具体事实证明的事。

◎持续编辑并改进你的诉求直到每个人都了解它——即使他来自别的行业。

◎记住，人们只会相信他们决定相信的事，而不会接受他们听到的一切。因此，不要把话说死，而要提供数据让人们自己去下结论。把这点做好，人们就会变成忠诚的粉丝。

## 关键思维

我们正被信息淹没，但还哭着要知识。那些显而易见的专家，那些有见解、智慧和知识的人，为了帮助我们过滤噪音会愈来愈兴旺——或仅只是简单地保证我们不必去听那些噪音，而只要听他们的。

——哈里·贝克威

技术选择无力，这个由道格拉斯·柯普兰在他著名的书籍《X世代》中提及的现象，是指当一个电脑或其他产品的潜在顾客发现选择有那么多时，他会感到无力进而什么都不想买。斯坦福大学的研究员最近发现，我们甚至对于简单的产品也会因为选择过多而无力决断。面对少数果酱和果冻的种类选择，大部分的人至少会买一罐，然而如果选择更多他们反而会空手而回。

——哈里·贝克威

# 三　动人的诉求

今日的商业普遍笼罩在恐惧、不确定和怀疑的气氛之中。许多引人注目的商业案件，让顾客对他们读到的内容几乎都不相信。但这个现象也带来了巨大的商机。如果可以得到信任，你就可以让自己从竞争者中脱颖而出。

要经商成功，你要找到方法传达并证明你的可信度。

## 1. 现代的聪明销售术

大部分消费者总怀疑自己被愚弄。例如，当看见一个“特价”标志，他们自然而然会觉得它背后在进行某种把戏，而不是一个真能让人省钱的产品。

要克服这些观念，让客户信任你，你得：

（1）永远诚实——绝对不能蒙蔽顾客的眼睛。

（2）对于你提供的产品要保持谦虚和实事求是——而不是企图满足所有人想要的一切。

（3）一开始就要揭示弱点——打造你自己的可信度，并且建立一些共同点以便营造关系。

（4）培养自己的顾客关系技巧——因为基本能力能让你进入赛局，但是最终的购买决策大部分仍将取决于关系而不是其他因素。聪明的销售人员都知道正确的顺序以便有效地完成销售。

一般的销售人员总是以下列顺序进行销售：

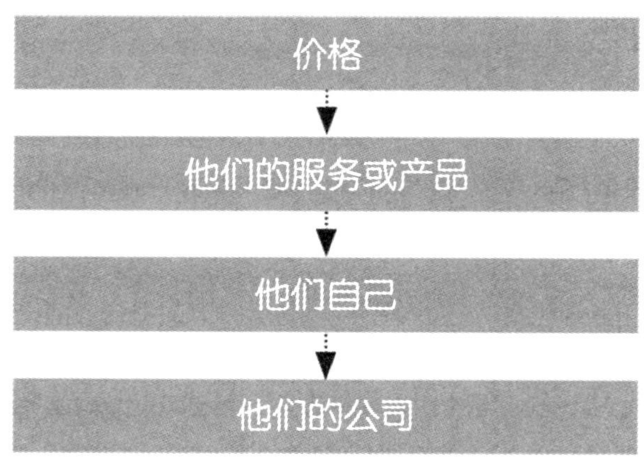


反之，聪明的销售人员知道价格是最后的

事。他们先销售自己，然后在描述产品或服务前先让人们相信他们。对他们来说，价格要摆在最后：

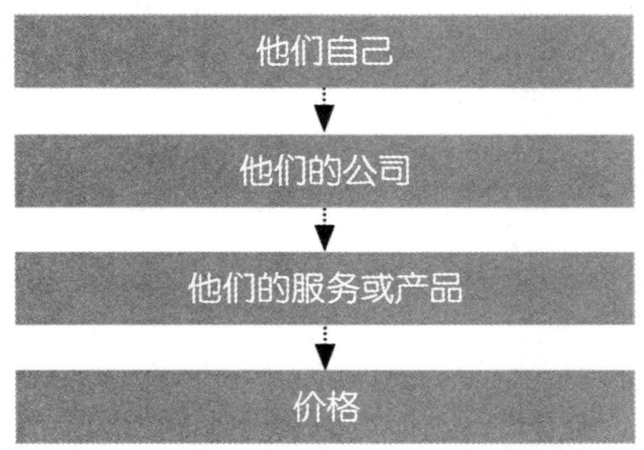


### 2. 硬销售遇上软销售

销售训练师曾经一度有过好日子。他们教导潜在的销售人员有用的准确用语，所有学员要做的就是把潜在顾客的名字插入正确的句子中，然后在顾客签单时提供签字笔。但那种日子已经过去了。今日，软销售远比高强度的销售技术更有效。

要成为优秀的软销售员，你应该做到：

（1）试着让潜在顾客把他们可能选择的清单给你——你可以用来分析哪些优点能吸引他们以及哪些会降低吸引力。如果能客观地看他们的清单，你就会明白是否值得花更多时间和气力来努力保住那个人的生意。

（2）在做任何简报之前，先草拟一份潜在竞争者清单——并且分析潜在顾客会如何看待那些公司。检视自己的弱点并且思考你可以采取哪些合理的做法来站稳脚跟，然后你就可以根据你的定位来拟定简报的主旨。

（3）要不慌不忙——但要用一种令顾客觉得舒服的节奏来发展关系。如果你试图加快节奏，潜在顾客就会产生抗拒，这对你的长期业务是很糟的事——给予人们时间和空间反而比较有效。

（4）成为优秀的说书人——因为好的故事能够以生动且难忘的方式切实地传递你想说的内容，而不会显得做作或傲慢。

（5）确认你关注的对象拥有必要的影响力、权力及权限——如果你和一个组织里势力薄弱的人建立关系，你自然也会被视为势力薄弱。

（6）绝对不要打陌生电话——每通电话都要先做一些交流，建立共通点来暖身。理论上，你的营销必须让人知道你提供什么产品，为将来奠定基础，但是你一定得做足必要的基本功课。你可以想象一个常见的销售场景，把它当做成为软销售员的实际案例。一个经验丰富的销售人员会提出精彩的简报，每隔一段时间潜在顾客们便会点头示意，好像认同所有他说的话。然而等到销售人员一离开，他们便互相坦承其实他们并不了解刚才听到的内容，适时点头只是因为不想显露出无知，而不是真能理解讨论中的想法。

一名优秀的销售人员看到潜在顾客点头时会把它当做黄灯而不是绿灯。也就是说，他会停下来厘清潜在顾客了解和不了解的各是什么。在简报的最后，通常销售人员会制式地从头复习重点，提供大量发问的机会以做厘清。但事实上，一名干练的销售人员会事先寄给潜在顾客背景知识的摘要以及简报的重点，预先卖出他的简报。如此一来，潜在顾客就能大致了解讨论的内容、观点以及重点。

实际上来说，这一切全都是为了建立关系。软销售员的行动全神专注于这个目标。硬销售的方法则没有时间来处理这么无形的课题，他们只想愈快取得订单愈好。

**3. 使用视觉辅助**

在做销售简报时，视觉辅助可以提升效果。运用它的唯一问题是当人们注视那些漂亮的视觉辅助时，他们就无法注视你的眼睛——这代表他们无法取得你企图传达给他们的信任感。因此，重点是要有所节制地运用视觉辅助。

人们不会因为在一个黑暗的房间中看了一连串在墙上的投影就做下人生的重要决定。这是很不自然的事。所有重点只有一个简单的结论：你要在某个特别的活动中，增进你影响他人的机会。所以你要减少幻灯片的数量。简单来说，要增进你打动客户或潜在顾客的机会，就要直接对他们说话，而不是试图强迫他们接受事先做好的简报。

如果你决定使用视觉辅助，请试着坚持采用图像，而不要把文字整合进幻灯片中。如果你用文字组成幻灯片，人们就不会听你说话，而只是阅读屏幕上的字。要避免这样的事情发生，请使用简单的图像。如此一来，人们就能一边看你提供的内容，一边聆听你说的话。这样做的效果会好很多。如果你的投影片上一定得有文字，也要坚持“3”原则——每张投影片最多放3个重点，每个重点最多用3个字说明。

**4. 保守遇上大胆**

当你对潜在顾客发表简报时：

（1）穿着打扮和他们一样，只要再稍微好一点点即可。避免过度打扮，但是务必确保你选择的衣着传达了一种专业感。而且不要刻意随便穿着，人们很容易发现你在造假。人们大多喜欢和穿着具有专业感的人打交道，即使他们走的是休闲风。

（2）如果你要提出的是一种新颖或激进的构想，穿着上请保守——因为那会让你的想法看起来不那么激进。反之亦然。如果你要提出的想法有点平淡，那就穿着大胆一点。

（3）千万不要发表“不宜公开”的评论——因为人们会找理由修理这样说话的人。因此，不要说任何有负面影响的话，强调正面思维并且努力让和你交易的人感觉良好。

（4）找出不寻常的方式说寻常的内容——如通过不常见的表达方式、引人联想到生动画面的文字或是其他引人注意的东西。在某些情况下，只要用心斟酌你使用的文字就可以让人们给你更多关注。

## 关键思维

今天，我们的世界看起来既不受控制也无法预测，它看起来一团混乱。但是因为我们觉得可以信任一些人，对于信任的人就会更加重视，他们也因为愈来愈稀少而显得越发重要。我们喜欢他们提供的保证，让我们觉得在这个混乱的世界有人可以依靠。我们面临的选择——包括它们庞大的数量和种类，加重了我们的不确定感。我们无法看遍及检视所有要买的东西。客户会因此感到恐惧、不确定和怀疑。但是，就像所有问题都有两面性一样，这代表你拥有一个机会。能激发信任的能力已经变得愈来愈稀有，也因此变得更为重要。

——哈里·贝克威

## 四　安心的品牌

现在是无形资产的时代，提供一枝独秀的服务成为打造财富的关键驱动器，而不是提供产品或解决方案。这也是品牌为何变得如此重要的原因。理想品牌代表的是你可以吸引客户的一切主张。

要在事业上成功，就要建立你的品牌名称并且让它代表卓越。这么做了之后，你自然就可以增进顾客满意的程度。

### 1. 理想品牌的关键要素

要营造你的品牌，有几项元素必须加以考虑：

（1）一个不错的名称——你需要一个听起来很像回事的名称，不能让人有先入为主的负面印象，并且要符合你的行业。如果可能的话，挑选一个容易记忆且很有个性、不容易和别人混淆的名称。而且你的名称最好要能够表达你专精的项目——例如 Stamps.com、LivePerson 或是 SmartForce。

（2）熟悉感——愈能让别人注意到你的名称，他们对你的关注程度就愈高。因此，你要明显且持续地展示你的名称。人们大多会以为，如果他们听说过你，那么你一定在本业上做得还不错。要尽量满足并善用这个观念。

（3）对品牌主张保持专注——因为如果你试图做太多，最后可能只会把人们搞糊涂。一个好的品牌应该只解决某个特定的问题，而不是多个问题。因此，如果想要在现存的品牌范畴之外提供新的服务，你就应该开发一个新的独立品牌，而不是转移到新的领域把原本的品牌淡化。现在是业务专家而不是通才的时代，要在事业上出类拔萃，你要聚拢你的焦点而不是扩大它。

（4）把符号整合到品牌当中——因为正确的符号可以传递你想要不断传达的质感和独特性。

好的符号或是视觉元素也可以协助你从众多企业中脱颖而出。

（5）要做到独一无二——也许是名称令人难忘且具说明性质。例如，大部分的人会觉得“Giuseppe's”（注：一家意大利比萨店）比起“意大利料理”更能带来美好且与众不同的用餐体验。你的品牌应该围绕一个独特的名称展开，因为它可以强化人们的关注点以及你所有的营销诉求。你的名称愈独特，对营销诉求就愈有利。

（6）不要在名称和品牌上添加不必要的空话——因为人们会自动删除它。例如没有人会说CNN电视台——而只是简单地说CNN。同样的，今天的“银行”有一部分已被省略，每个人都知道Wells Fargo就是富国银行。eBay也不必再加上网上拍卖服务公司的字样，因为每个人都知道。重点是为你的事业命名。这么做能让沟通变得简单且直接，也能为你带来最大的成名机会。你还可以让品牌跟着你的公司名称成长。

### 2. 更多关于品牌名称的注意要点

关于品牌最重要的要素是你的公司名称。这个单一决策会决定你未来经营品牌的成败。有鉴于此，你应该：

（1）人们喜欢奇特的事——因此如果你有一个特殊或别扭的名称，你就会被注意并被记得。例如：

◎“红色热苔”对日光浴沙龙来说是个好名称。

◎“雅虎！”对搜索引擎来说是个很棒的名称。

◎“响亮云”是个好记又惹人注意的名称。

（2）矛盾的效果不错——尤其是用在品牌命名的时候。例如“爱尔兰红”是个很棒的啤酒公司名称，因为所有消费者想到爱尔兰时都会想到绿色。同样的，《战争与和平》之所以能成为史诗之作，部分原因就是因为书名令人着迷。把阿尔卑斯山的登山学校命名为“小圣母峰”，比起

“阿尔卑斯山登山学校”也会博得更多注意。

（3）诉诸感官是品牌命名的好方式——这使得品牌名称“嗖！”比“速度”更好，也许这也解释了“炽热辣椒”为何能成功。要为新公司或新品牌想出完美的名称，你得：

◎避免纯粹描述性的名称——像是“小型企业公共账目”。为什么呢？描述性的名称让人无法产生情绪反应，而且听起来太普通。它也不会让人感受到世界级的服务。

◎避免缩写字眼——因为人们会完全听不懂。他们搞不清楚ADP、ADT或ACT是不是同一家公司。此外，缩写字眼也无法让人产生情绪反应。

◎避免新词（在现有的文字加上前后缀词）——那听起来就像是营销人员的异想天开，而不是从现实世界产生的用语。

◎考虑使用地理名称——如果地址对你从事的行业有非常正面意义的话。不过要小心处理，

因为大部分地理品牌名称并不具感性价值。

◎考虑使用公司创办人或负责人的名字——用在服务商特别理想（例如梅奥诊所、嘉信理财）。然而，如果创办人有犯罪记录、姓氏太普通或是很不容易发音的话，也有可能弄巧成拙。

◎寻找能发人深省的名称——让你会心一笑或引发其他情感的东西。一个发人深省的好名称会带来许多正面的作用。无论你做什么决定，先找至少 12 个人测试一下，看看他们喜不喜欢这个名称。确认他们可以说出这个名称，确保名称中没有内含负面的意思，询问这个名称听起来是否有趣且够特别。同时也要和你的员工确认这个名称是否让他们觉得在这里工作很自豪。

在做最终决定之前再检视你提议的名称，看看它是否可以再缩短。例如把联邦快递的 Federal Express 变成 FedEx——更好记也更朗朗上口。看看你可不可以做同样的事。提到名称，简洁总是比冗长好。

### 3. 包装与你的公司打交道的体验

在出售服务时，你实际出售的是和你公司打交道的体验。这个体验包含顾客服务和环境。有鉴于此，你务必要让公司环境特殊且令人难忘。无论如何都要做到这一点，因为环境攸关顾客对你的看法。客户总是比较相信他们亲眼所见而不是书面记载的内容。

一个理想的办公室会让客户觉得自己被看重。不必有夸张的展示，只要综合一些元素就可以传达良好的品位，就好比休闲打扮一样。近年来，有很多人开始穿着休闲服饰上班，这样做唯一的问题是休闲服饰将传达出你会随便处理客户需求这一观念。因此，与其争辩办公室是否该允许随性穿着，倒不如采取相反的角度，把目光聚焦在如何让大家打扮得体但感觉更舒适，这样员工自然就会显得更专业且会做出与之相符的举止。

你的营销活动也是顾客体验的一部分。如果

你使用最便宜的媒体（通常指垃圾邮件），人们自然会觉得你很廉价。相反，如果你可以负担得起高品质的广告，客户就会觉得你很擅长自己所做的事。便宜的营销会让你变成市场上的低阶品牌。如果那不是你想要的定位，你就必须提升你的营销渠道及策略。

为公司寻求定位是另一项要件。如果你试图把自己定位成“最便宜”，潜在顾客就会去找其他厂商自行验证。一个比较好的策略是把自己定位在“可靠”或“创新”的有力位置，这样你就可以和其他同样想占据这个位置的公司竞争。好几家可靠的公司可以同时在某一行业中快乐地生存，但是最低价公司只有一家。因此，要谨慎思考你的公司定位，不要自然而然地走上市场最低价格路线。

服务体验的最终元素是你选择的视觉元素。好的影像、有趣的类比和丰富多彩的隐喻可以让你和别人不一样。视觉元素也能帮助人们精确地了解你提供的产品。要做到世界级水准，你必须在你日常的工作中嵌入专业品质的图像。

## 关键思维

你不能只打造更好的捕鼠器，你必须画出图像让人们知道你的捕鼠器为何可以诱捕更多老鼠。眼见为实，有凭有据，这样人们才会下单购买。

——哈里·贝克威

在这个忙碌的世界里，片段已经取代整体成为思想的单元。我们的新世界要的是更快的信息。所以要用你的影像——包括你工作的空间，和世界沟通。你的标志、建筑和大厅是你的视觉片段，要让它们动人且专业。客户绝对会喜欢你，但是那份爱是从眼里开始。

——哈里·贝克威

# 五　贴心的服务

伟大的企业会找到方法和顾客建立关系。这是很重要的，因为当人们凭借对产品本身的感觉购买产品时，他们通常也是凭借对服务商的感觉购买服务，而不是服务本身。

要在事业上成功，无论如何一定要和顾客建立紧密联系。让客户看见你真心在乎他们的需求，他们就会有相同的回应。

**1. 与顾客建立关系**

尽管有各种沟通技巧，你的客户仍旧会觉得很难遇到志同道合的人。这个状况创造出一个很棒的商机。如果你可以帮助客户感受到更多联系，他们自然就会认同你提供的产品和服务。

你要如何帮助你的客户彼此联系呢?

◎举办研讨会、开放参观或是客户聚会。

◎在你的网站上添加留言板，让客户可以交换意见并且帮助彼此解决问题。

◎邀请顾客为你的电子杂志贡献内容。

◎给顾客提供人性化的服务而不是科技。在最终的分析中，你的客户并不是向你买产品或服务，他们真正追求的是满足。他们希望购买产品及服务的体验可以传递出他们需要的满足。他们向你买东西是期待得到满意度及认可。你要尽一切可能精准地传达出这一点。

**2. 顾客忠诚度**

顾客忠诚度永远不可能来自大量抄送的传真、群发的电子邮件通知、“填写空白处”的广告传单或者是其他诱饵。相反，顾客忠诚度来自你花时间个别处理的每位顾客。这么做能散发出一条潜在的讯息：“你真的很重要，重要到让我愿意花时间和你建立关系。”

要把这个想法付诸行动，你应该拟定一份重要客户计划。在每个产业中，大约20%的客户将

会贡献大约 80% 的营业额。你要一个一个找出那些重要客户，然后为每个人草拟一份计划。具体来说，你要做的是在接下来的 12 个月内让他们觉得受到重视。你要写亲笔信给每个重要客户来表达你的意图，并且请他们随时打电话给你。你会很惊讶地发现这种方式会带来许多好处。

**3. 加快速度**

现在几乎每个人都想要在生活中纳入更多活动。你的客户会珍惜他们的时间，你也要表现得非常珍惜他们的时间，方法是：

◎不论你所处的产业是什么，都要寻求方法做得更快。

◎把减少一半内部流程时间当成企业目标。

◎在公司里提倡加速推进行动，尽量让实际执行时间可行且实际。

**4. 建立客户关系的艺术**

要获得更多客户，你不但要制造宜人的环境让更多新客户认识你，更要懂得留住已有的客户。在这方面你有几件事可以做：

◎拥有一个专业水准的办公室——即使客户突然造访，他们观察到的一切也将提升而不是降低你的形象。

◎精通客户造访时的接待方式——方法是雇用表现优异的接待员。他的工作是热情回应每通电话或亲自来访的人。

◎慎选你的新客户——避免承接不会带来太大附加价值的边际客户。

◎留意你给客户的东西——不要把赠品和广告混为一谈。这两样东西完全不一样。

◎永远称许你过去的客户——在任何情况下都不会批评你的客户。

◎对于客户提供的任何信息有信心尽到保密之责。

◎书面承诺——然后始终不渝地信守承诺。

**5. 捷径**

优秀的顾客服务的捷径，必须精通 3 个关键时刻——3、24和5：

（1）3：永远记住你只有3秒钟可供留下美好的第一印象。熟练地处理首次接触，因为它能强化你接下来的每次接触。

（2）24：不论什么时候回应客户的询问，都要在24小时内再确认一次，以此表示他提出的需求很重要。

（3）5：在与重要客户接触的5天之内，寄给他一封亲笔谢函，表现出花时间和他见面很值得的意思。

**6. 锻炼你的聆听技巧**

要和客户建立良好关系，你必须是个好听众。这很重要，因为人们只会把他们的想法告诉他们相信真能听进去的人。

业务上优秀的听众：

◎有同理心——会用眼睛和心倾听，而不只用耳朵。

◎在组织想法和阐述问题时，能接受短暂的

缄默。

◎一开始就知道客户的名字，然后适当且频繁地使用那个名字。

◎对大部分的事都采用正面表述。

◎绝不企图哗众取宠——但要显得真心想要了解别人的观点。

◎真心赞美——但要避免流于阿谀奉承。

◎和蔼有礼。

◎多做一点——实现承诺，然后做的要超过他们所要求的。

**7. 最高明的用人策略**

雇用一个不错的人然后教他所有必要的技巧，比起找一个不快乐的人然后要他和颜悦色容易多了。客户一定会回应真心在乎他们及他们需求的人，也会愿意原谅单纯的错误。因此，你要雇用有能力建立关系的人然后教他技巧，而不是反其道而行。

### 8. 了解客户喜爱的特质

当思考要如何吸引并留住更多客户时，你应该思考客户在新的业务关系中一直寻求的关键特质：

（1）谦逊：人们喜欢和擅长自己的专业却并不傲慢的人做生意。

（2）大器：客户不想听你竞争者的坏话，你只要说你的产品有什么好处即可。

（3）牺牲：如果你通过放弃一些事情来显示你在乎什么，客户就会以同样的方法回报。

（4）坦率：客户更喜欢和能够承认并改正错误的人做生意，而不是和那种想要粉饰太平的人。

（5）品德：即使面对变化了的环境也能够信守承诺的能力。

（6）自在：客户喜欢和热情、认真且完全明白自己在干什么的专业人士做生意。在自己的生活中有愈多这类的特质，你就愈容易吸引并留住顾客。

## 关键思维

在这个世界上，乐观主义者之所以乐观并不是因为他们永远是对的，而是因为他们的态度非常正面。即使错了他们还是正面思考，这也是成就、校正、改善及成功的方法。瞪大眼睛的乐观主义就是肯“受教”。

——大卫·蓝迪斯，历史学家

下一次当你前方出现两条路时，避免阻力最小的那条：一条没有任何阻碍的路哪里也到不了。你反而要挑选那条沿着断崖走的路——没有任何护栏的那条。走上那条路，体会亢奋之情和抵达终点时的骄傲，那会激发你一次又一次走上同样的道路。那样的历程有一天将让你赚到更多的钱，它也会让你觉得更充实、更完整且更有活力。

——哈里·贝克威

# 这就是谷歌

# How Google Works

# 原著作者简介

艾瑞克·史密特（Eric Schmidt），2001 年进入谷歌担任 CEO，现为公司董事会执行主席，负责建立伙伴与商业关系以及政府推广计划与科技思想领袖计划。他是美国“总统科技顾问委员会”及英国“首相顾问委员会”成员。加入谷歌前，史密特在 Novell 及太阳电脑担任高层主管。毕业于普林斯顿大学与伯克利加州大学。

乔纳森·罗森伯格（Jonathan Rosenberg），2002 年进入谷歌担任副总裁，负责谷歌产品研发团队，近距离服务谷歌的消费者、广告客户及事业伙伴，协助公司打造聘雇流程、沟通技巧与营销手法。加入谷歌前，罗森柏格替 Excite@Home、苹果电脑、Knight Ridder 信息服务公司工作。毕业于芝加哥大学与克莱蒙特·麦肯纳学院。

本文编译：许恬宁

# 主要内容

# 什么样的环境吸引什么样的人才

网络时代你需要什么样的人才，这些人才又需要什么样的工作环境？这个问题或许比你想象的更棘手也更迫切。谷歌示范了一种做法，而且很乐意展示给全世界。

时代真的不一样了，电脑及网络的应用彻底改变了人们学习、沟通、消费等行为。而且这种改变是一种革命而不是进化，你要么跟上要么就是被淘汰。

分别在 2001 年、2002 年加入谷歌经营团队的艾瑞克·史密特和乔纳森·罗森伯格对此感受特别深刻。他们称这群能快步跟上网络时代并在企业内带来最大影响力的人为“智慧创作者”(smart creatives)，因为这些人结合了技术知识、企业专长与创造力，知道如何运用现代工具并以飞快的速度做出惊人成果。谷歌中工程师的比例很高，也正因为每个想法都必须以充满智慧与创意的方式“做”出来。

**就是不一样的谷歌文化**

加入谷歌之前，史密特曾经担任 Novell 及太阳电脑高层主管，同时本身也是信息技术研究员暨工程师；罗森伯格则曾经是 PalmOne 副总裁，拥有丰富的管理学识及经历，对科技业一点也不陌生。然而 10 多年的谷歌经验，却让这两位资深经理人扭转了他们对管理及经营的看法，并在文中揭露许多沙场老兵才懂的体悟。

谷歌的诞生或许来自创始人拉里·佩奇和谢尔盖·布林的偶遇，但是谷歌文化却不是——它来自一种坚持，坚持打破许多过去习以为常的企业经营模式。并不是每个人都想做大事，因此佩奇会让没有雄心壮志的人离开。他的看法是，如果你能雇用到对的人，并且你的梦想够大，那你通常可以成功。就算失败了，也能学到很重要的

教训。

这种勇于尝试不怕失败的态度可说是过去经理人最难跨越的障碍，因为失败代表挫折和犯错。他们习惯不断修正计划直到万无一失才敢动手执行，然而，谷歌告诉你网络时代快到你不可能计划好再行动，即使草拟了一份计划，它的命运也只是用来被检验和推翻。

**打造智慧创作者圆梦的天堂**

如果要找出智慧创作者最大的特征，“自主性”应该是最鲜明的一项，这也是佩奇认为今日谷歌一切成就的动力来源。谷歌之所以胜出，是因为公司吸引到智慧创作者，接着又创造出能让他们一展所长的环境，鼓励并支持智慧创作者在各种领域中不断迎接新的挑战。

换言之，如果你的公司没有登月的雄心，你本身也没有追日的壮志，谷歌这套做法就不一定适合你。你的员工仍旧会按部就班听从指令，你的企业仍旧会一步一个脚印地循序渐进，你不必去烦恼外界变化的速度。但同时，你也限制了员工的自由和想象，不允许他们把白日梦当一回事。那么，你应该也能理解他们为何无法交出令你满意的创新方案了。

# 一　文化

要吸引智慧创作者，你必须拥有自己的组织文化。它必须具体实在，让人耳熟能详，而且众人都必须实践其中理想。组织文化必须是每一个人的道德罗盘。

智慧创作者在乎自己在哪工作才会发挥所长。他们重视组织文化的程度将高过他们的职位、责任、产业甚至是个人的薪资福利。你必须拥有会让人们实践其口号的组织文化，否则无法吸引到智慧创作者。

谷歌的文化是让每个人都知道公司的目标——“组织全世界的信息，让人人都能取得”（To organize the world's information and make it universally accessible），而且员工知道无须事先取得任何人的允许就能着手解决挡路的问题。一

个好例子发生在 2002 年。当时共同创始人拉里·佩奇想找古董摩托车“Kawasaki H1B”的资料，结果搜索到的都是协助移民取得美国 H-1B 签证的律师广告，没有摩托车的资料。这让他很不满。气馁的佩奇打印出页面，用荧光笔标出讨厌的广告，把它们贴在茶水间，并用大大的字在上方写上“这些广告烂透了”，然后便回家了。

一名软件工程师看见佩奇的留言，他在周末找来 4 位同事帮忙，尝试解决这个问题。他们做了解决方案，写出源代码，提供范例结果，并在星期一早上大家回来上班时发给每个人看。他的主要看法是广告应该依据相关度出现，而不只是看广告主愿意付多少钱。那个看法被证明是正确的，并最终成为谷歌 AdWords 搜索引擎的基础，数十亿美元的事业就这样诞生了。

与其让组织文化随机发展，你不如事先计划，依据目的刻意培养。你应该跑去问创始人：

◎我们在乎什么？

◎我们相信什么？

◎我们想变成什么？

◎我们希望公司在未来如何行事和思考？

## 关键思维

不是谷歌的文化让那5名工程师变身成解决问题的忍者，然后在一个周末就改变了公司的方向，而是一开始公司文化就把忍者吸引到了公司。

——艾瑞克·史密特　乔纳森·罗森伯格

要注意的是，如果你去找创始团队的核心智慧创作者问问题，你将得到真正的答案，而不是冠冕堂皇的官方说法。公关部门只会提出没有意义的陈词滥调。你必须找到你真正想问的东西。

组织文化之所以重要，有一个非常重要的理由就是：同类相吸。你的文化是由创始团队的智慧创作者打造的，并通过它在未来吸引志同道合的人。这就是为什么文化对任何组织来说都如此重要。

谷歌文化中值得注意的几点是：

◎办公室非常拥挤，让能量和互动都被放到最大。没人有私人办公室，就连资深经理都没有。智慧创作者靠着彼此互动而进步成长。

◎团队被放在一起，不依工作内容分开。每个人都一起工作，一起吃饭，一起生活。大家欢迎自我表达与创新所带来的副产品——“杂乱”，而不会刻意阻止它。智慧创作者觉得杂乱会带来力量而非令人分心。

◎点子的评判标准是看有没有价值，而不是看它是否由在场薪水最高者“河马”（HIPPO, the Highest Paid Person in the Room）提出。智慧

创作者唯才是论，只重能力。

◎谷歌的计划团队人数少且层级扁平。

◎许多谷歌产品都是由小型团队研发的，然后由大型团队维护。前提是大团队的营运不会妨碍正努力做出下一个创新的小团队，智慧创作者知道公司同时需要大小团队，才能不断创新。

◎谷歌刻意让公司绕着影响力最大的人来组织运作。不是看职务或资历，而是看表现与热情。这吸引了智慧创作者。

◎谷歌也能让大家平衡自己的工作与生活。每个人要如何达到平衡取决于他们自己。这也是智慧创作者喜欢的东西。

◎谷歌试着拥有“Yes”文化。资深经理明确表示，大家不需征得他们的同意就能做有趣的事。

◎谷歌举办充满优秀人物、好音乐和各种美食的聚会，打造出有趣的工作环境。

◎谷歌的服装规定是“你一定得穿点什么”。

此外谷歌的座右铭也很有名——“不作恶”。这些特点吸引了智慧创作者。

## 关键思维

公司存在的目的是做值得做的事——贡献社会。看看四周，有的人只对钱感兴趣，其他都不在乎。然而公司的基本动力应该来自于想要做不同的事——想要制造产品，想要提供服务。总体来说，想要做有价值的事。

——大卫·帕卡德，惠普共同创始人

愿景必须被不断沟通并靠着奖励增强，否则愿景的价值还比不上用来印它的纸。

——杰克·威尔奇，通用公司前 CEO

# 二　策略

谷歌出名的地方在于没有不可变动的营运计划。公司相信大家在前进的时候自然会顺应周遭的变化并找出该做的事。事实证明智慧创作者就是喜欢这样的做法。

谷歌没有 MBA 风格的营运计划，它的计划建立在 3 大基本原则上：

（1）谷歌永远准备好把心力投在大问题的技术与解决方案上——想一想谷歌的创始初衷是为了找出更好的网络搜索方式，便可了解这点。

AdWords将广告依实用程度分级，而不是只看哪个广告主愿意付最多钱。谷歌News将新闻按照主题而非来源分组。Chrome改造了浏览器以提升速度。Hangouts则是在云端转换影片格式，而不是在设备端。

当产品依据的是技术而不是市场调查时，你就不会冒险跑去发明跑得更快的马。此外你也能避免“雷同”产品，因为那仅仅是顾客要求的东西，而不是能改进现状并开创新局面的产品。每当有人提议新产品时，你永远应该问：“你的技术前提是什么？”如果得不到好答案，那表示你应该重新思考这个产品。

（2）谷歌永远追求规模而非营收——这点很聪明。从前的公司从地方起家，扩张到区域，最终希望能扩展到全国。在网络时代，每个人在一开始就能接触到全世界。规模必须是你的核心计划。因为竞争激烈，你拥有的任何优势都不会持久。

网络时代的龙头公司打造并发展了多边平台。YouTube 平台让任何人都能制作影片并分享给全世界。Facebook 原本面对大量的竞争网站，直到它让自己变成应用平台之后才异军突起。谷歌 AdWords 成就非凡的动力，在于它是供大家共同使用的平台，而不是谷歌的专属产品。

平台愈大就愈有价值，最终才能吸引到更多投资，让更多人协助改善这个平台所支持的所有产品与服务。平台将是网络时代的超级巨星。

（3）谷歌让好产品人人可用——换句话说，公司相信开放平台。网景、雅虎、美国在线等第一代的大型网络企业专注于成为门户网站，满足各式各样的兴趣与需求。相较之下，谷歌则专精搜索，结果这比当门户网站更有价值。谷歌致力于提供给使用者绝佳的搜索体验。

在建立平台时，开放比封闭更具优势。经典例子是 IBM 的个人电脑（1981 年推出）。IBM 的个人电脑架构允许所有人开发附加原件、应用程序甚至是完全的“仿 IBM”系统——不必付给 IBM 任何授权费。这样的开放性吸引每一个人（甚至竞争者）进入生态圈，带来接下来 25 年的主流运算平台。如果 IBM 试图将自己的 PC 打造为封闭平台，这一切将不会发生。

## 关键思维

网络时代最成功的领导者，将是了解如何建立与快速发展平台的人。随着平台愈来愈有价值，它就能吸引更多投资，而这有利于改善平台支持的产品与服务。那就是为什么在信息产业，公司永远想着平台而不是产品。

——艾瑞克·史密特　乔纳森·罗森伯格

谷歌网站访问流量快速增长时，公司本可以追踪其他每一个商业网站并在首页放上广告，然而谷歌没有这么做，而是把心力放在改善搜索引擎上。我们的 AdWords 平台也采取了类似做法。我们和内容发布伙伴的协协是，广告主付给

谷歌一定金额，而我们会与伙伴分享那笔钱。分成比例？我们的做法通常是尽量分享——记住，首要任务是成长，而不是赚更多钱。这让伙伴们非常开心。

——艾瑞克·史密特　乔纳森·罗森伯格

在网络时代，打造网络的目的不只是为了降低成本和增加营运效率，更是为了创造更好的产品。许多公司打造网络以求降低成本，却很少有公司的目的是让产品或商业模式转型。这对众多公司来说，是在让重大机会白白流失，给新竞争者留下得以进入的巨大空间。

——艾瑞克·史密特　乔纳森·罗森伯格

正确的策略有其美妙之处，它能够让人众志成城。人们一开始是问 5 年后会发生什么事，然后往回推并开始努力。

——艾瑞克·史密特　乔纳森·罗森伯格

成长最重要。网络时代所有成功的重大例子，都是一边成长、一边变得更好更强的大型平台。

——艾瑞克·史密特　乔纳森·罗森伯格

产品更新是策略中最重要的部分，必须非常非常快速，而且永远来自于学习。

——艾瑞克·史密特　乔纳森·罗森伯格

# 三　人才

如果企业的未来要倚赖于智慧创作者，那么找到并聘请智慧创作者，显然应该是你最重要的任务。策略再多都无法取代人才，你必须每天都在寻找人才。

大部分公司的聘雇模式是阶层式的——人事经理依据团队成员与资深主管的意见做决定。这种做法的主要问题是人事经理很少雇用比他们聪明的人，甚至从来不会这么做。这是维持现状的方法。

谷歌的创立者发现，更好的聘雇模式是学界的模式——同事审查，由致力于把最好的人才带进公司的委员会决定，就算对方的资历不符合目前任何空缺的职位也没关系。

谷歌如何找到并聘请智慧创作者？公司做过

几件有趣的事：

◎聪明运用羊群效应——应征者拿到未来共事者的履历。优秀的智慧创作者会被能和其他优秀人士一起工作的机会吸引。

◎永远寻找热情——这是智慧创作者的动力。因此，面试者会试着让应征者谈谈对他来说最重要的事，并从中看出许多个人特质。

◎聘请学习型“动物”——即寻求个人成长、把工作看做是学习有趣新事物机会的人。要寻找会问这类事的人。

◎试着雇用多元背景的有趣人士——就是如果班机延迟，你愿意花几小时在机场和他聊天的那种人。谷歌甚至会评估应征者有多“谷歌”——他的心态以及融入谷歌的能力。

说到底，雇用智慧创作者其实只有4个步骤，包括：

（1）找人——寻找杰出人才并让招募者注意到他们，这是每一个人的工作。寻找杰出人士的

工作必须每个人都去做，而且成为公司文化的一部分。要做到这件事，唯一的方法是让每个人的业务范围都包含招募，而且要定期评估与检视。

（2）面试——这是招募杰出人才最重要的阶段。面试工作有着重要技巧，谷歌完整面试工作的方法如下：

◎调查应征者以及他们曾经放上网的任何东西。

◎面试要像平等的人在一起讨论有意义的话题一样，而不要让人有充满压力的体验。

◎问的问题要让应征者能够展现自身专业知识，使你印象深刻。

◎提出一些情境，如："关键时刻你如何做出好决定？" 看他们能否给出有趣答案。

◎让他们有机会提问，评估他们对这份工作感兴趣的程度。

◎面试时间30分钟。

（3）雇用——找最少3人最多5人来面试应征者并提出意见。让他们用1分（不佳，不推荐）到4分（这个人非常适合这个职务，如果不雇用，请提出原因）为应征者打分数。分数的依据是应征者的：

◎领导能力，特别是动员团队的潜力。

◎职务相关知识、技术能力及其他专业领域。

◎一般认知能力，特别是独立思考与解决问题的能力。

◎有多"谷歌"——在不确定情况下做事的能力、处理变化的能力以及快速行动的能力。

最终的决定在委员会而不是招募经理。委员会依据资料而不是关系做出决定。委员会成员有

义务做出最有利于公司的决定。

（4）报酬——一旦决定雇用，薪资协商的目的就是为优秀成果提供高到不成比例的报酬。智慧创作者如果做出成绩，就会希望得到丰厚报酬。你必须制定报酬制度，让他们的成功为公司带来巨大商业利益。

不要忘了，你是在雇用专业人士而不是业余人士。他们理应有机会因为带来突破而得到巨大报酬。你要付钱给对公司有最大正面影响的人。如果他未来选择离开自己开公司，然后用很好的电梯简报向你介绍他的点子，你要提议投资他的公司。如果他无法清楚说明自己的点子，那就建议他多留一段时间，继续贡献直到准备好离开为止。

## 关键思维

在同事审查制的聘雇过程中，重点是人而不是组织。智慧创作者比职位重要；公司比经理人重要。

——艾瑞克·史密特　乔纳森·罗森伯格

能够结合热情与贡献是最终极的奢侈。此外这也是非常明确的通往幸福快乐之路。

——雪莉·桑德伯格，脸书首席营运总监

如果你问一名经理人：“你工作时做的最重要的一件事是什么？”正确答案应该是雇人。

——艾瑞克·史密特　乔纳森·罗森伯格

# 四　决策

做决定是所有企业领导者的基本活动。如何决策并执行至为重要。智慧创作者会期待自己成为健全决策过程中不可或缺的一员。

智慧创作者思考与行动的方式一般倾向于企业主的角度，而不是只从员工或部门主管的角度出发。因此他们对决策会很有想法。此外他们也通常会有一些有用的点子，所以让他们近距离参与决策过程很重要。你要鼓励智慧创作者提出他们的想法与点子。

共识决策一般会有 3 个重要元素：

一起来——
让所有相关
人士参与

合作——
确保每一个人
都有相同目标

平等——
打造平等的
参赛场地

健全的共识决策流程

（1）一起来——邀请所有相关人士参与决策。你应明确表示只要有足够的资料，大家就完全可以不同意你的看法。

（2）合作——每一个人的目标都必须是为了得出对团体来说最好的决定，而不是证明自己是对的。同样，共同的决策结果必须能促进组织目标，而不应出于个人目的。

（3）平等——唯才是举，让最好的点子胜出，不论提案人是谁。

决策大多是在开会的时候由团队一起做出的。为了让会议更有效率，公司替会议做了一系列规定：

（1）每一场会议都应该有一个最终决策者——愿意为结果扛起责任、负责推进的人。如果有两个以上职位相同的人参与，最后他们得互相妥协。困难的决定只需要有一个担责任的人。

（2）决策者必须实际参与——他应该设定目标进程，追踪每个人的进度，确保任务执行

情况。

（3）没事别开会——没有任何事比漫无目的的会议还糟。如果没什么重要的事要讨论或决定，就不要开会。

（4）会议必须是可以掌控的——最多不超过10个人，让在场所有人都能自在地说出意见。

（5）参加会议不是个人重不重要的象征——因此如果显然不需要你，就别去了。会议永远是愈少愈好。

（6）准时开始，准时结束——而且让与会者有时间休息或吃午餐什么的。注意，开会时间要配合不同时区的人，要尊重大家。

（7）开会时就好好开会——关掉手机，不要用笔记本电脑做别的事，开会要专心。一心多用永远行不通，要专注于会议内容。

比尔·盖茨曾给出过建议，好公司的主管会将80%的时间用在占公司80%营收的事情上。这对智慧创作者其实也是个好建议。与其让自己瞎忙，倒不如简化现有的决策流程。这样一来，你最优秀的人才才能把大部分的时间用于想出创造附加价值并让顾客惊艳的方法，而不是绊于无聊乏味的会议中。一定要让你正在崭露头角的超级巨星有机会发光。

## 关键思维

网络时代最具转型作用的发展之一是将企业几乎所有层面加以量化。决策曾经是依据主观看法以及传闻做出，现在则主要依赖于数据。这就是为什么谷歌多数会议室里会有两台资料投影仪的缘故。一台是为了和其他办公室开视频会议或投影会议记录用的，另一台则是为了呈现资料。开会讨论选项与意见时，我们会从资料开始。我们不会靠说“我觉得”来说服人。要说服别人，我们会说“让我给大家看”。

——艾瑞克·史密特　乔纳森·罗森伯格

要找到最好的办法，而不是你自己想要的

做法。

——约翰·伍登，知名大学篮球教练

如果每个人看法都一样，那表示有人没思考。

——乔治·巴顿将军

最佳决策才是正确决策，而不是大家都同意的决策。

——艾瑞克·史密特　乔纳森·罗森伯格

# 五　沟通

沟通非常重要。开启沟通渠道并让信息充分流通时，智慧创作者会有优秀表现。身为经理人，你可以担当“路由器”的角色，把所知的一切传给智慧创作者。

谷歌的资深管理团队，每季度都会提出详尽深入的公司表现报告。他们把报告呈给董事会，接着再让每一位在谷歌工作的人都能看到。报告中唯一会被编修的地方是律师指出的禁止公开的部分。

不只是公司会公开分享信息，每一位员工也会在公司内部网站放上自己的OKR——“目标与关键结果”（objectives and key results）。“关键结果”可用来评量达成目标的过程。每一位员工每季度更新自己的OKR，坦诚讨论自己

失败和成功的地方以及背后原因。如果你碰到谷歌员工并且想知道他为何而忙，你可以看看他的 OKR。

基本上，谷歌让大家可以安心说实话，这种态度对公司来说很好。谷歌为鼓励开放坦白的对话采取了以下做法：

◎在任何产品上市后，永远会做事后检讨——详细讨论哪里做得对哪里做错了。接着公布讨论，让每一个人都可以阅读并从中学习。

◎每星期五都开全公司会议——其中有个对公司 CEO 及其他资深主管的畅所欲言问答时间。与会者手持红牌与绿牌，如果他们觉得问题没有得到完整回答，可以举红牌。

◎到公司外部进行拓展——以求展开新对话，创造新关系。

◎良好的传统旅游访查报告——大家讨论其他国家、其他产业以及其他伙伴发生了什么事。

谷歌也做了其他促进沟通的事。每位谷歌员

工每年要写一份报告，检讨自己的绩效并问：“我会愿意替我自己工作吗？”接着他和实际向他报告的人分享自己的报告并交换心得。这会产生许多重要看法与学习机会。有些主管甚至写下自己的“使用手册”，向团队成员详细介绍什么是最好的办法，包括如何与他共事、如何使他印象深刻以及如何让他支持新计划等等。

从生活与事业等方面的事实来看，一件事要听大约20遍才会真正听进去，因此谷歌制订了几条全公司适用的良好沟通原则：

（1）你所说或你所公布的东西，是否增强了你想让每个人都知道的核心主题？

（2）你的沟通是否有效？——你有新鲜事要分享给大家，还是在重复老早就听过或不重要的事？

（3）你在讲好玩、有趣或具有启发性的事吗？——那样的信息永远会让人竖起耳朵聆听而且通常会激发热烈的内部讨论。

（4）这是你本人想说的话吗？——里头必须

包含你的想法，而不是完全来自别人。

（5）你的信息是否发送给了适当的对象？——你是否直接传给会用到这个信息的人，还是只看邮件名单，不管谁都传一份？这就像垃圾邮件与手写纸条之间的不同。

（6）你是否使用了正确介质？有的信息适合用电子邮件，有的信息用影片效果会比较好。

（7）你是否在说真话并保持谦虚？那样做能让你累积诚信，未雨绸缪。

谷歌还有辅助的内部准则，教大家有效使用电子邮件：

（1）永远迅速回应——如果你在忙，就算只是快速回一下“收到”或“了解，会处理”也好。

（2）简明扼要——让每个字都有意义，并且清楚指出问题。

（3）每封信只处理一次——不断清理收件箱，这样就不用浪费时间找待处理的信件。

（4）用后进先出的方式处理邮件——看看其

他人能否处理旧邮件。

（5）当智能路由器——想一想邮件还会对谁有用，然后转发给他们。

（6）让收件人能轻松明白你的要求——如果必要的话，再寄一遍原本的信件并在开头写上："这件事完成了吗？"

（7）将以后会想要找的邮件转发给自己——在描述文字中加上关键字以便查找。

最重要的是，你要明白大部分的信息沟通都是在混乱之中进行的。正在成长的企业永远会超越当前的架构与流程。混乱是代表你并未停滞不前的好现象。

**关键思维**

你的预设模式应该是分享一切。信任员工，告诉他们各种重要信息，而他们也会让那份信任物有所值。

——艾瑞克·史密特　乔纳森·罗森伯格

你开始做一份新工作时，前3周什么都不要做。听人们说话，了解他们手上的问题与优先级，去认识与关心他们，赢得他们的信任。事实上你是在做一件事：建立健康的关系。此外不要忘了让人们微笑。人们太缺少赞美了，这是一种被低估的管理工具。人们做得好的时候，不要吝惜你的赞美。

——艾瑞克·史密特　乔纳森·罗森伯格

如果一切似乎都在掌控中，那证明你前进的速度还不够快。

——马里奥·安德烈蒂，冠军赛车手

不要怕重复，重复的祷告不会让你损失什么。

——艾瑞克·史密特

# 六　创新

智慧创作者永远想参与下一件大事——更准确来说，他们活着就是为了创造大事。要打造环境，最好的办法就是鼓励你的智慧创作者放手去做。你要创造某种原生泥浆，让他们去玩。

史蒂夫·乔布斯以创造苹果的封闭系统出名：他让公司掌控一切。谷歌则相反。谷歌创造“原生泥浆”池子，让新点子先冒泡浮上来，接着进化并有机成长。为了强调这点，谷歌的CEO永远都是创意总监。

谷歌用3条简单的原则来决定是否进一步实

现有趣的点子：

◎这个点子必须能影响数百万甚至数十亿人。

◎新点子必须彻头彻尾与众不同，而不是既有方案方法的改良版本。

◎这个点子必须是在不远的将来就能做到的，而不是像时间旅行这种纯理论的东西。

为了创造与维持原生泥浆并让创新能够诞生和进化，谷歌做了许多与众不同的事：

（1）积极鼓励每个人的宏大思考——想出 10 倍突破而不是累加的进步。你从事的挑战愈大，通常就会吸引到愈多热情的智慧创作者。除此之外，远大的目标会帮助每一个人学到新技能，创造新关系。这一切都会让泥浆愈滚愈烈。

（2）拥有 OKR 导向的文化——换句话说，大方向目标（objectives）永远都搭配高度可评估的关键结果（key results），以便追踪进度。目标必须确实非常远大，是实际达不到的目标。点子变成产品时，OKR 会从个人转到团队。OKR 非常适合那些需要一点惊人活力的特别项目。

（3）遵守自己的70 / 20 / 10法则——把公司70%的资源投注在核心事业，20%投注在新兴产品，10%投注在前卫的新点子上。这可以在经营核心事业、投资有潜力的点子以及投注资源在可能不会有结果的登月行动之间，达成良好的平衡。奇怪的是，创意会在限制中欣欣向荣，那就是为什么10%对新计划来说刚刚好。此外，砍掉数千美元的东西，比砍掉百万美元的投资容易。

（4）所有员工都可以把20%的工作时间用来做自己选择的项目——这带来了谷歌Maps、谷歌Suggest、谷歌Now、Gmail以及其他许多东西。任何员工不需任何其他人允许就能选择他要如何运用那20%的时间。有些人存起来一次用完，有人利用晚上和周末的时间，有人则每周固定排一段时间。如果你想出一个好点子，你很快就能说服其他人把自己的20%时间用在那个点子上——产品就是那样从泥浆中冒出来并进化的。20%时间还造成一种结果：大家开始学新东西——智慧创作者喜欢这样。

（5）鼓励先出货再改进——把产品送到人们能使用并给出建议的地方，而不是在实验室里无穷无尽拼命工作直到产品完美。新点子永远不会一开始就完美。聪明的做法是做出版本1.0，送到真正的顾客手中，看看效果如何，然后设计下一个版本。重要的不是一开始的产品有多棒，而是你能用多快速度推出下一个版本。谷歌的领导阶层会投资赢家，不会让输家得到未来的资源。

（6）鼓励“漂亮的失败”——最重要的是从错误中学习。尽力去做，如果你的点子无法起飞，那就找出点子的哪些部分能用在其他地方。失败的创新者一定不能被羞辱或处罚，因为下一代创新者会睁大眼睛看着。谷歌是有弹性的地方，失败被视为不可避免。

（7）表扬创新者，但不是直接用金钱奖励——确保每个人的成就感来自工作而不是奖金。

卡特里娜飓风在2005年8月袭击美国墨西哥湾沿岸地区时，谷歌Earth团队自行研发出工具以帮助搜救者和灾民。他们没有得到任何直接的金钱奖励，然而团队的每一位成员都乐于为世界尽一份心力，让世界有所不同。那是智慧创作者的天堂。

## 关键思维

专注于使用者，其他的事自会水到渠成。

——拉里·佩奇　谢尔盖·布林

创新的人不用别人叫，自己就会跑去创新。他们需要的是获准进行创新。

——尤迪·曼博，雅虎与谷歌工程师

乐观主义是创新的基本元素。要不然个人如何能拥抱改变胜过安全感，拥抱冒险胜过安居？

——罗伯特·诺伊斯

仙童半导体公司与英特尔公司共同创始人

正确判断来自经验；经验来自错误判断。

——纳斯尔丁，哲学家

# 七 结语

在世界的某个角落里，下一代智慧创作者已经在想办法推翻今日的龙头企业。别因这点而气馁——你应该振奋才对。让智慧创作者替你工作，让他们发光发热并引领你走上成功之路。

今日的经济正在经历痛苦转型，企业要从经济活动的中心变成平台。过去企业与自家顾客通常是单向的关系，现在平台则是顾客与供应商之间一来一往的关系。

企业在平台时代蓬勃发展的一个好例子是亚马逊。亚马逊是一间公司，但却创造出市场。卖家可以联络买家。消费者可以告诉亚马逊他们在找什么，然后亚马逊帮他们搞定。接下来，顾客可以对他们得到的产品与服务打分数，给其他顾客提供参考。难怪亚马逊平台让博德斯集团等大型书商关门大吉。

网络已经进入发展的第三阶段：

（1）始于 20 世纪 90 年代的 Web 1.0 有浏览器、HTML 与网站。现在回头看，功能相当有限。

（2）Web 2.0 始于 21 世纪初，宽带与网上影片出炉。网络变得愈来愈像巨大的购物中心，大家可以在里头做各式各样的事。

（3）Web 3.0 始于 2010 年夏天，主角是社交网络。你现在可以和其他人聊天，与你看重的对象分享事情。此外，你想要什么事都能用手机完成，而不只靠个人电脑。

谷歌在 Web 2.0 时代表现优异，但迟了一步才加入 Web 3.0。这很正常——相较于被迫改变，现任者永远觉得现况比较舒服。谷歌最终得以推出谷歌 +，以应对社交网络的兴起。

## 关键思维

因此我们感觉目前市场上的公司得做出选

择。它们可以继续用以往的方式经营，不把科技当成转型工具，只用来增加营运效率与提高利润。然而它们还有另一个选项：制定策略来充分利用平台，不断推出优秀产品。以那个策略当靠山，吸引智慧创作者团队，营造环境让他们能够产生大规模的成功。很简单，对不对？

——艾瑞克·史密特　乔纳森·罗森伯格

为了不被未来淘汰，你现在应该想出下列问题的答案：

（1）不断变化的科技对我们来说意味着什么？

（2）现在起的5年内，我们的产业会发生什么事？

（3）顾客是否喜爱我们的产品——如果不喜欢，可以怎样让他们喜欢我们卖的东西？

（4）聪明且资金充沛的竞争者会做什么来抢走我们的生意？

（5）雇用智慧创作者是我们的首要任务吗？

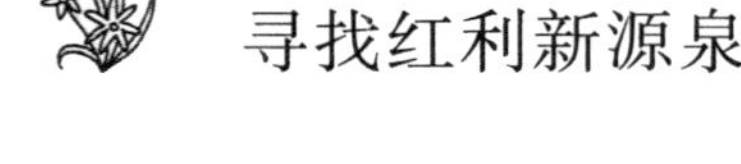


（6）我们正在准备的新产品中有多少比例是来自独特技术？

（7）我们的内部决策流程是带来最佳决策还是带来最被人所接受的决策？

（8）我们的员工能否自由尝试真正的创新？

（9）在我们公司谁表现得更好——信息储藏者还是信息路由器？

（10）内部的部门壁垒让信息分享变得更容易还是限制了信息流通？

以上问题全都不好回答，但你一定要问，更重要的是一定要答。科技毫无疑问有能力让世界更美好，也毫无疑问会打破并改造产业。这个世界所面临的重大问题，必然是信息问题，因此某个产业或领域如果有能力搜集、处理并分析资料，就一定会有璀璨未来。

## 关键思维

不论是打击犯罪（分析犯罪模式以启动“预

先采取治安措施”)、农业(通过大量资料绘制土壤地图来帮助穷困农夫)、制药(分享信息以加速药物研发)、国防、能源、航空或教育,各行各业都将在21世纪上半叶,在科技力量的推动下转型,创造出令人赞叹的新产品,孕育崭新事业,以新工作与发展取代不景气的市场。而每一个改变,都将由一小群意志坚定、有力量的智慧创作者推动。这是我们的信念。

——艾瑞克·史密特　乔纳森·罗森伯格

在某个车库、宿舍、实验室或会议室里,有位勇敢的企业领袖已经召集了一小群认真的智慧创作者。或许他手上有我们的书,正在用我们的点子帮助自己建立最终会让谷歌无足轻重的公司。没有企业会永垂不朽,这是不可避免的命运。有的人觉得这令人心惊,我们却觉得这振奋人心。

——艾瑞克·史密特　乔纳森·罗森伯格